코칭선교사

코칭선교사

초판 인쇄 2023년 11월 10일
초판 발행 2023년 11월 15일

지은이   피터정 · 한혜정 · 윤수영 외 15인
펴낸이   이찬규
펴낸곳   북코리아
등록번호   제03-01240호
주소   13209 경기도 성남시 중원구 사기막골로 45번길 14
        우림라이온스밸리2차 A동 1007호
전화   02-704-7840
팩스   02-704-7848
이메일   ibookorea@naver.com
홈페이지   www.북코리아.kr
ISBN   978-89-6324-358-0 (03320)

값 17,000원

COACHING Missionary

코칭선교사
선교적 교회를 세우는 사람들

피터정 · 한혜정 · 윤수영 외 15인

북코리아

프롤로그

호수 근처의 숙소에 묵어본 적이 있다면 아침에 일어나 물안개가 가득한 창밖의 풍경을 본 적이 있을 것이다. 이런 날에는 멀리 보이는 풍경을 보고 싶어도 제대로 볼 수가 없었을 것이다. 왜냐하면 그 물안개는 소용돌이치는 바다처럼 복잡한 현실에서 단 하나의 작은 표면만을 비출 뿐 전체 그림을 보지 못하게 가리고 있기 때문이다. 이러한 장면이 바로 지금 우리가 살아가고 있는 제4차 산업혁명 시대의 모습이다.

우리의 삶에도 한때는 사실과 허구, 현실과 상상, 진리와 거짓이 명확하게 구분되었던 시기가 있었다. 그러나 지금의 시대는 이러한 경계가 희미해지고 오히려 우리의 관점이 더욱 주관적이고 상대적으로 변화되었음을 감지할 수 있게 된다.

혼돈의 시대

이러한 시대는 분명하게도 다양성과 복잡성을 강조하기 마련이다. 그러하기에 현 시대를 살아가는 이들은 다양한 문화적 충돌과 신념 및 정체성의 혼란을 마주하고 있으며 이것은 종종 분열과 갈등을 초래한다. 솔직히 어느 누구도 이러한 혼돈의 사회 속에서 살아간다는 것은 쉬운 일이 아닐 것이다. 그렇다면 이러한 시기에 세상 사람들은 어떠한 자세를 취하고 있을까? 그들은 아마도 그러한 복잡성을 받아들이고자 부단히 노력할 것이다. 그런데 문제는 그럼에도 불구하고 무엇이 진리인지, 어떠한 방향으로 나아가야 할지 모르는 혼돈의 시기를 보내고 있다는 것이다.

그렇다면 어떻게 이들을 도울 수 있단 말인가? 이에 캐나다에 본부를 둔 GCLA(Global Coaching Leadership Association) 코칭 단체는 포스트 모더니즘과 AI 중심으로 변화하는 지금의 4차 산업혁명 시대에 꼭 필요한 파수꾼을 배치하기 위해서 오랫동안 크리스천 리더십 및 코칭 리더십 훈련을 진행해왔다. 그리고 마침내 약 3년 전부터 준비했던 이 시대 최적의 전문인 선교사인 '코칭선교사'를 배출하기로 결정했다.

이들 코칭선교사들이 사회로 나아가야 할 이유는 명확하다. 기존의 전통적인 선교사와는 다른 그들만의 탁월한 도전과 기회를 제공할 수 있기 때문이다. 이에 아래와 같이 4차 산업혁명 시대에 '코칭선교사'의 존재 이유를 다섯 가지로 풀어본다.

다양성과 복잡성

현 시대에는 모든 면에서 다양성과 복잡성이 증가하고 있다. 특히 세계 각지에서 다양한 문화, 신념, 가치관을 가진 사람들이 한 공간에서 움직이고 있다. 이는 다양한 문화적 충돌의 문제를 발생시키는 요인이 된다. 그렇기 때문에 이를 해결하는 데 탁월한 역할을 할 수 있는 전문가들이 간절히 필요하다.

편견과 갈등 관리

포스트 모더니즘이 강하게 영향력을 미치고 있는 지금의 시대는 그 어느 때보다도 갈등과 편견이 빈번하게 발생하고 있다. 그렇다면 어떻게 이러한 문제를 해결할 수 있단 말인가? 아마도 이러한 편견과 갈등은 공감적 경청과 파워풀한 질문을 통해 극복할 방법을 찾는 데 큰 도움을 줄 수 있을 것이다. 게다가 적극적인 피드백을 활용해 그 모든 이슈의 방향을 재정리할 수도 있다. 이러한 절차를 통해서 삶의 균형을 맞춰주는 코칭선교사를 만나는 모든 리더들은 탁월한 해결책을 발견하게 되고 자신들의 성장까지도 경험하게 될 것이다.

정서적 지지와 심리적 건강

이 시대는 세대를 불문하고 외로움과 스트레스와 같은 심리적인 문제를 경험하는 이들이 허다하다. 이에 '코칭선교사'들은 이러한 어려움을 극복하는 적극적인 자세와 방법을 찾게끔 구조화된 대화의 방법인 코칭적 접근법을 통해 그들이 정서적 지지와 심리적 건강을 촉진시킬 수 있도록 도울 것이다.

탁월한 전략가

AI를 중심으로 변화하고 있는 지금의 시대를 4차 산업혁명 시대라고 말한다. 이러한 변화의 시대에 교회와 선교지에서 사역하는 모든 리더들이 각자가 맡은 미션 계획을 더 잘 수립하고 실행할 수 있는 전략 또한 개발해야 한다는 압력을 받을 것이다. 이에 지금까지 자신들을 가두어놓은 패러다임을 벗어나 창의적인 접근을 할 수 있도록 도울 수 있는 코칭선교사의 존재는 엄청난 파급력을 가져올 것이라 확신한다.

자아 인식과 성장

코칭은 개인적 자아 인식과 성장을 촉진한다. 이를 통해 코칭선교사들은 크리스천 리더들의 비전과 신앙을 더 깊게 이해하고 그들이 자신들의 역할을 더 효과적으로 수행할 수 있도록 조력할 것이다. 다시 말해서, 각 리더들이 자신의 잠재력과 가능성을 깨워서 스스로를 성장케 하고 교회와 선교지를 변화시킬 수 있게끔 적극적으로 도울 것이다. 또한 그들의 삶 가운데서 성령님과 동행하고 그의 음성을 따라 발걸음을 옮길 수 있도록 이들 리더들의 옆에서 늘 섬김의 자세로 온전한 파트너 역할을 하게 될 것이다.

축복의 통로

불확실성과 초이기주의 시대를 향해 멈춤 장치도 없이 폭주하는 기관차처럼 달려가는 이 시대는 진정으로 정서적 지지, 문화 간 커뮤니케이션, 효과적인 미션 전략, 갈등 해결 그리고 성장 및 자아 인식을 위한 적극적인 인식의 변화와 패러다임의 전환이 필요한 때다. 이에 전 세계 No. 1 코칭리더십 훈련 학교인 GCLA에서 배출되는 '코칭선교사'들은 이 시대의 교회와 선교지가 그 사역의 효과성을 높이고 지속 가능성을 향상시키는 데 중요한 역할을 하게 될 것임을 확신한다.

크리스천 코칭만이 가지고 있는 탁월한 특징과 역량을 통해 최고의 선교적 일꾼이 될 GCLA의 '코칭선교사'들은 이 시대가 요구하는 창의적이고 파급력 있는 크리스천 문화를 창출해낼 것이며, 가정과 교회 그리고 선교지를 이끌고 있는 모든 리더들을 섬김으로 지원하고 그들을 성장시키는 데 긍정적인 영향력을 미치게 될 것이다.

누군가 "어떻게 그러한 큰 확신을 가질 수 있는가?"라고 묻는다면, "오랫동안 그들을 준비시키시고 앞으로도 그들과 함께 동행하실 인생 최고의 코치이신 주님의 지혜와 능력 그리고 온전한 그분의 은혜가 이 혼돈의 역사를 바꾸어놓을 위풍당당한 '코칭선교사'들의 발걸음 위에 함께할 것을 믿기 때문이다"라고 답변할 것이다. 그러하기에 앞으로 안개가 가득한 불확신한 이 시대를 믿음으로 힘차게 달려갈 모든 '코칭선교사'들을 주님의 이름으로 축복하는 바다.

피터정 코치

CONTENTS

PART 1

혼돈의 2030 시대

선교에 있어서는 무엇보다 시대적 상황에 대한 이해와 분석이 필요하며 언제나 그렇듯이 눈으로 보여지는 것 속에는 감추어진 의미들과 흐름들이 깃들어 있다. 그렇기 때문에 크리스천의 사역에 있어서 리더가 극복해야 할 가장 중요한 과제는 현실을 제대로 진단하고 이해하는 것이며, 성경적이면서도 상황에 알맞은 효과적인 선교전략을 수립하기 위해서는 스테레오타입(stereotype), 곧 고정관념과 편견(discrimination)에서 헤어나오는 것이 무엇보다 중요하다.

1

글로벌 환경의 도전과 선교적 과제

이호열 코치

오늘날 우리의 눈앞에서 전개되고 있는 글로벌 환경은 선교적 사명을 감당하기 위해 애쓰는 그리스도인들에게 새롭고도 많은 과제를 안겨주고 있다. 여기서 얘기하는 글로벌 환경이란 곧 4차 산업혁명이 전 세계적으로 확산되고 있는 결과로서 나타난 현상을 일컬으며 세계화와 지역화가 동시에 진행되고 있는 전 지구촌적인 현실을 의미한다. 선교에 있어서는 무엇보다 시대적 상황에 대한 이해와 분석이 필요하며 언제나 그렇듯이 눈으로 보여지는 것 속에는 감추어진 의미들과 흐름들이 깃들어 있다. 그렇기 때문에 크리스천의 사역에 있어서 리더가 극복해야 할 가장 중요한 과제는 현실을 제대로 진단하고 이해하는 것이며, 성경적이면서도 상황에 알맞은 효과적인 선교전략을 수립하기 위해서는 스테레오타입(Stereotype), 곧 고정관념과 편견(discrimination)에서 헤어나오는 것이 무엇보다 중요하다. 전통과 인습에 빠져서 시대가 변화하는 것을 깨닫지 못하고 준비하지 못한다면 이에 따른 아래와 같은 나쁜 결과들을 피할 수가 없게 된다.

　글로벌 환경을 이해하고 준비하지 못한다면 먼저 세대차를 극복하지 못해 신 세대와의 소통에 실패할 수 있고 문화적인 고립에 빠지게 된다. 또한 과학기술이 만들어내는 새로운 현상들을 이해하지 못하면 기술적 문맹 상태에 빠질 뿐만 아니라 신학적 사고와 해석도 퇴보할 수 있다. 만일 그렇게 된다면 선교의 능력도 상당 부분 상실할 수밖에 없다. 선교란 영적인 영역이면서도 동시에 생생한 삶의 문제들을 다루는 것이기 때문이다. 그러므로 우리가 살아가고 있는 시대와 선교적 환경에 대해서 항상 민감해야 한다. 그럼으로써 급변하는 환경에서 사역지의 사람들이 마주하고 있는 현실적 문제를 함께 직면하고 풀어가는 데 있어서 능력을 발휘하는 코칭선교사로서 긴밀한 동행자요 조력자의 역할을 할 수가 있을 것이다.

글로벌 환경의 특성과 코칭선교사의 역할

　작금 진행되고 있는 세계화의 특성 중 하나는 탈국경화와 국제화이며 그 주요한 현상은 확대일로로 넓어지고 있는 시장을 장악하기 위해 국가 간, 기업 간의 치열한 기술적 경쟁이 이루어지고 있는 것이다. 이미 네슬레, 아마존, 애플 같은 수많은 다국적 기업들이 세계를 무대삼아 막대한 수익을 창출하고 있으며 이러한 경쟁에 뒤처진 국가나 기업들은 세계화에서 얻을 수 있는 이익을 거의 얻지 못한 채 국내의 시장까지 빼앗기는 위태로운 상황을 맞이하고 있다. 그것은 곧 해당 나라의 국민들이 국제 경쟁력을 잃고 경제적 예속상태에 빠지며 가난의 굴레에서 벗어나지 못하고 성장과 행복을 위한 기회를 얻지 못하게 된다는 것을 의미한다.

이러한 상황은 마치 우리나라가 구한말에 겪었던 시절을 돌아보게 하며 동시에 선교가 고려해야 할 방향성이 무엇이어야 하는가를 보여준다. 구한말 우리나라를 찾아온 선교사들은 서구열강 및 주변국들 사이에서 국운이 풍전등화처럼 위태롭던 대한제국을 연민과 긍휼의 시선으로 바라보았다. 선교사들은 선교활동은 물론 시대에 뒤처진 한국민들을 일깨우고 돕기 위해 수많은 학교와 병원을 세우는 것은 물론 한글 교육을 지원하고 문화의 우수성을 알리고 지키는 등 계몽적 역할을 마다하지 않았고 독립운동도 음으로 양으로 후원했다. 이를 통해 복음은 한 민족의 가슴을 뜨겁게 감화시켰으며 수많은 인재들이 교회를 통해 대한민국의 미래를 이끌어갈 지도자로 성장했던 것이다.

오늘날 세계 속의 초일류국가로 뻗어나가고 있는 한국의 발전을 위해 선교사들과 한국교회가 끼친 영향은 실로 엄청나다고 하겠다. 오늘날의 선교사들도 어느 나라 어느 지역에 가서 선교를 하든지 선교지의 사람들이 인류의 보편적 가치와 인간의 존엄성을 지키고 글로벌 환경을 살아갈 능력을 계발시켜야 한다는 점에서는 똑같은 사명을 안고 있다고 보겠다. 시대를 변화시키고 동시에 시대의 변화를 이끌어갈 수 있도록 그리스도인들을 준비시키는 역할에서 자연스럽게 변혁적 리더십과 서번트 리더십의 발휘가 더욱 요청된다.

변혁적 리더십과 서번트 리더십 형성에서의 코칭의 역할

구분	특성	코칭의 주된 역할
변혁적 리더십	개인과 조직의 혁신과 변화를 통해 새로운 가치와 성과를 달성하는 리더십	변혁에 대한 추진력과 일관성을 끌어내기 위한 강력한 질문과 촉진적 활동
서번트 리더십	상호 신뢰를 구축하고 존중관계를 형성하여 공동의 성장을 지향하는 리더십	인간의 최상위 욕구인 섬김의 가치를 이끌어내기 위한 경청과 지원적 활동

이러한 리더십을 발휘하는 데 있어서 코칭은 매우 중요하고 긴요한 도구로 사용될 수 있음을 더 말할 나위도 없다. 변혁적 리더십과 서번트 리더십의 특징과 코칭이 지향하는 바는 매우 유사하기 때문이다. 이러한 리더십은 선교사가 발휘해야 하는 리더십이기도 하지만 사역지의 선교를 함께 감당하고 동시대인들을 섬겨야 할 동료로서 현지 그리스도인들에게 계발되어야 할 리더십이기도 하다.

사회적 갈등과 교회의 역할

위에서 잠시 살펴본 바대로 세계화로 상징되는 오늘날 문명사회에는 빛과 어둠이 공존한다. 세계화는 많은 나라와 사람들에게 새로운 성취의 기회를 제공하기도 하지만 국가 간의 불평등과 자본의 편중 현상, 난민유입과 종교적·문화적 충돌의 발생으로 이어지곤 한다. 또한 물질문명이 극대화되고 풍요가 넘칠수록 역설적으로 사회적 갈등은 심화되는 양상이 전개되고 있다.

이에 대한 반발로 반세계화 운동도 세계 도처에서 일어나고 있다. 또한 국가 간의 이념적 반목과 세력 확대를 위한 각축은 러시아와 우크라이나 전쟁에서 보듯이 해소되지 않은 국가 간의 갈등이 언제라도 심각한 전쟁으로 이어질 수 있음을 보여주었고, 대선을 앞두고 있는 미국사회는 미국 우선주의 곧 'America First' 구호가 다시 등장할 조짐도 나타나고 있다.

"민족과 민족이 나라가 나라를 대적하여 일어나겠고"라는 누가복음 21장 10절의 말씀처럼 인류역사상 가장 문명화된 시대인 21세기에도 여전히 각종 충돌과 전쟁의 위기는 계속되고 있으며 공인된 국제기관이나 국가, 사회 조직들도 갈등을 효율적으로 관리하고 조정하는 것은 쉽지 않음을 보여주고 있다. 한국만 해도 이미 세계 10위권의 경제대국으로 부상했고 국가의 잠재력은 그 이상으로 평가받고 있는 현실이지만, 내부적으로는 많은 문제가 발생하고 있다. 오늘날 한국사회는 풍요의 뒤편에 사회적 갈등이 독버섯처럼 자라나고 있는 위험한 현상을 나타내고 있다.

영국의 킹스칼리지(Kings College)에서 2021년 6월 여론조사기관인 Ipsos에 의뢰하여 세계 28개국의 2만 3천 명을 대상으로 설문을 실시한 결과 12개의 항목에서 대한민국이 1위를 차지했다는 발표가 있었다. 주로 갈등지수에 대한 항목이었는데 우리나라는 세대, 성별, 이념, 빈부, 정치, 학벌, 종교의 7개 부문에서 1위를 차지하여 명실상부한 갈등공화국으로 등극하는 불명예를 차지했다. 대한민국에 산다는 것은 곧 스트레스를 많이 받고 다툼을 벌일 가능성이 농후하다는 것을 의미한다. 이 설문을 기사화한 방송에서는 더욱 안타까운 일로서 사회적 갈등해결과 통합에 앞장서야 할 정치권이 자신들의 이해관계에 따라 갈등을 재생산하고 증폭시키는 경우가 많다는 점이 지적되었다.

아프리카 르완다의 경우 후투족과 투치족의 종족 갈등이 지속되다가 결국 1994년 내전이 발발했고 이로 인해 100만 명에 달하는 인명이 학살되는 인종전쟁이 벌어지고 말았다. 하버드대학에서 사역하고 있는 앤디 크라우치(Andy Crouch)는 그의 저서 Culture making에서 "아프리카 르완다에서 벌어진 현상은 외적인 기독교 제국을 세운다는 것이 하나의 얄팍한 환상에 불과하다는 것을 깨우쳐주었다"고 쓰고 있다. 르완다는 가톨릭 교도가 57%, 개신교도가 26%로서 아프리카에서 가장 기독교화된 모범적인 국가로 여겨져왔으나 사회적·인종적 갈등이 극대화되었을 때 교회는 아무런 역할도 하지 못했다. 이러한 사례는 교회가 외적인 성장만을 추구하는 나머지 사회적 갈등을 도외시하고 치유하는 능력을 갖추지 못할 때 나타날 수 있는 무력증을 여실히 보여주고 있다.

구세대와 신세대의 판단 기초 비교

예수 그리스도께서는 평화의 왕으로 세상에 오셨으며 교회는 세상의 갈등을 치유하고 평화를 이루어야 하는 사도적 사명을 안고 있다. 그러므로 교회는 외적인 자기 복제와 성장에만 치중할 것이 아니라 세상의 갈등을 끌어안는 노력을 한층 기울여나가야 한다. 연세대학교의 사회학과 김호기 교수는 구세대와 신세대의 갈등이 해소되기 어려운 이유로서 그들의 판단 기초가 다르기 때문이라고 말한다. 곧 구세대는 행동을 할 때 이것이 윤리나 양심에 근거하여 '옳은 것인지 그른 것인지'를 따져 물었지만 신세대는 옳고 그름보다 '좋으냐 싫으냐'에 기준을 두는 경향이 강하다는 것이다. 물론 좋고 싫음에도 나름대로의 도덕적 판단은 들어있겠지만 구세대로서는 현실적 차이를 받아들이기가 쉽지는 않다는 것이 세대갈등의 하나의 원인으로 꼽히고 있다. 그러므로 세대 간의 인식과 사고방식의 차이를 깨닫고 소통의 기술을 발휘하는 것이 선교에 있어서도 중요하다고 하겠다.

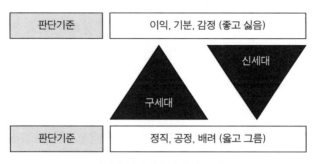

구세대와 신세대의 판단 기초 비교

복음의 능력

초대교회에서 복음은 분열된 사회를 치유하고 사랑의 공동체를 만들어내는 능력을 보여주었다. 부자가 가난한 사람들을 위해 자신의 소유를 가져와 함께 사용했고, 엄격한 신분제도의 틀을 유지하는 로마제국 내에서 주인은 노예를 형제자매로 대우했다. 또한 철저한 남성우월주의와 가부장제도의 사회에서 기독교인인 남편은 진심으로 아내를 존중했고 부부들은 아가페 사랑을 실천하며 서로 섬겼다. 이렇게 높아만 보이던 사회적 장벽이 무너지며 기독교인들을 중심으로 온전한 가정과 교회 공동체가 형성되었다.

한국 선교 역사의 초기 교회인 곤당골 교회에서도 왕족인 장로와 백정 출신의 장로가 함께 협력하여 교회를 섬겼다. 성도들의 진실한 사랑과 섬김에 감동된 사람들이 교회로 밀려 들어왔다. 선교학자 레슬리 뉴비긴 (Lesslie Newbigin)은 '회중은 복음의 해석 공동체'라고 말했다. 곧 성도들을 통해서 기독교 복음이 분명해진다는 이야기다. 오늘날 '선교의 위기'라는 진단이 여기저기서 터져 나오고 있다. 이러다가 수많은 신자들이 떠나고 교회가 문을 닫아버린 유럽교회의 전철을 밟게 되는 것이 아니냐는 우려가 끊이지 않고 있다. 그러나 위기의 본질은 교인의 감소가 아니라 복음이 사회적 장벽을 무너뜨리고 갈등을 해소하는 능력을 발휘하지 못하는 것이다. 교인이 적든 많든 복음이 신분과 세대, 빈부의 갈등을 해소하고 치유하는 역할을 제대로 수행하고 있다면 결코 위기라고 말할 수 없다. 그러나 만일 거꾸로 복음이 전해진 곳에서 여전히 신분과 세대, 빈부의 갈등을 외면하거나 확대 재생산하고 있다면 커다란 위기가 도래하고 있다고 보아야 할 것이다. 그러므로 선교나 목회사역자는 교회 공동체가 복음의 충실한 전달자와 실천가로서 자리매김하도록 노력해야 하며 코칭은 이러한 역할을 잘 수행하기 위해 쓰여야 할 것이다.

코칭문화 확산을 통한 선교

4차 산업혁명으로 갈수록 확장되어가는 글로벌 환경은 이해와 적응에 더 많은 노력이 필요하다는 교훈을 안겨주고 있다. 인간은 유한한 시간과 에너지를 가지고 현실을 살아가야 하고 다가오는 미래를 대비해야 한다. 그 가운데 인간의 본성에서 기인한 탐욕과 이기심, 자기 중심주의로 인한 갈등은 더 심화되고 있다. 갈등과 스트레스 상황은 개인의 에너지를 감소시키고 조직을 위축시키는 결과를 가져온다. 갈등과 스트레스는 상황이 복잡할수록 더욱 심각해지게 된다. 갈등과 스트레스 상황에서 보이는 부정적인 측면은 회피, 소극적 태도, 고립, 분노 등이 될 수가 있다. 언뜻 보아도 알 수 있듯이 회피나 소극적 태도, 고립화는 일시적으로는 효과를 발휘할 수 있을지 모르나 결과적으로는 바람직하지 않은 방법이고 이것이 통하지 않을 때 무력화나 분노로 치달을 수 있다. 적지 않은 상담학자들은 조언하기를 갈등이 생기고 스트레스가 축적되면 그것을 내부에 쌓아놓지 말고 해소하는 것이 좋다고 권고한다. 심지어는 적당한 분노의 표출은 정신 건강에 긍정적 영향을 끼친다고 말하기도 한다. 그런데 분노를 표출할수록 해소되기는커녕 더 늘어나는 성격이 있다.

기독교 문화에 있어서 코칭의 역할

최근의 연구는 "당신은 툭하면 화가 나는가? 그렇다면 당신의 뇌는 화에 중독되고 있으며 망가지고 있는 것이다"라는 점을 보여주고 있다. 일례로 서울 백병원의 정신건강의학과 우종민 교수는 말하기를 감정기억을 담당하는 대뇌 연변계에서 분노 감정을 자동 저장해놓았다가 비슷한 스트레스 상황이 오면 조건반사적으로 화를 내게 될 수 있다고 지적한다. 또한 분노의 감정을 자주 표출하게 되면 뇌세포가 손상되고 뇌가 위축될 수도 있다는 것이다. 스트레스나 갈등에 대처하고 극복하는 방식은 충동적이고 파괴적인 방식이 되어서는 안 되고 생산적이고 긍정적인 방식이 되어야 한다.

이런 면에서 코칭선교사의 역할은 피하기 어려운 갈등과 스트레스에 올바르게 대처하고 그 영향을 줄이는 데 노력하는 것이다. 또한 시대를 막론하고 역사적으로 그리스도인들은 복음의 내용을 현실에서 실천하는 데 적지 않은 혼란과 어려움을 겪어왔다. 때로는 율법적으로 때로는 도덕적으로 대처하고 또는 방임적인 태도를 보이기도 했으며 성경을 오역하는 잘못을 저지르기도 했다. 이러한 오류를 범하지 않기 위해 코칭선교사의 역할을 잘 수행하여야 하며 그러기 위해서는 성경에 대한 이해와 문화의 성격과 영향에 대한 통찰, 그리고 복음을 통해 능력 있게 살아가도록 돕는 코칭의 전문성을 강화해야 하겠다.

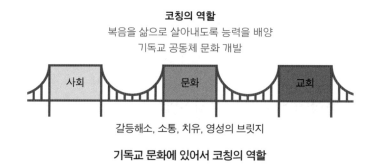

코칭의 역할
복음을 삶으로 살아내도록 능력을 배양
기독교 공동체 문화 개발

사회　　문화　　교회

갈등해소, 소통, 치유, 영성의 브릿지

기독교 문화에 있어서 코칭의 역할

선교 공동체 육성과 코칭

앞에서 살펴보았듯이 선교는 교회가 취하는 하나의 전도 기법이 아니다. 건강하고 성경적인 교회 공동체를 제쳐두고 별도의 프로그램을 수행하면서 전도를 잘하고 있다고 스스로 생각하는 것은 착각에 불과하다. 선교란 곧 하나님의 문화명령인 "정복하고 다스리라"(창 1:28)는 말씀과 아브라함의 소명인 "복의 근원이 되라"(창 12:1-2)는 말씀을 넘어서 대위임령, 즉 "모든 족속을 제자로 삼아 아버지와 아들과 성령의 이름으로 세례를 베풀고 내가 너희에게 분부한 모든 것을 가르쳐 지키게 하라"(마 28:19-20)는 말씀을 관통하는 것이다.

'정복하라'는 말씀에 대하여는 역사적 전통에서 지나치게 전투적으로 해석하여 복음 앞에 타 민족을 굴종시키는 것으로 이해하곤 했으나 예수님의 사역을 통해서 '정복하라'는 말씀의 뜻은 칼과 무력으로 행하라는 것이 아니라 진리와 섬김으로 혼돈 속에 있는 세상에 영적 질서를 부여하라는 뜻으로 해석이 가능하게 되었다. 또한 '복의 근원'이 되기 위해서는 세상적 성공자가 아니라 많은 사람들에게 복의 모범이 되는 삶을 살아야 함을 알 수가 있다.

신학자 크리스토퍼 라이트는 마태복음 28장 19-20절의 이른바 '대위임령'은 원래 아브라함에게 주었던 창세기 12장 1-2절을 기독론적으로 바꾼 것이라고 주장한다. 그러므로 대위임령은 말씀 그대로 세례 자체에 중심이 있는 것이 아니라 예수께서 분부한 모든 것을 지키게 하는 것이 말씀의 핵심임을 이해할 수가 있다. 진정성이 있는 사역자와 크리스천이라면 이 모든 일을 선교 사역과 삶에 일치시키는 것이 매우 중요하다는 것을 알 수 있을 것이다.

그러기 위해서는 먼저 교회 공동체가 선교적으로 변모되어야 한다. 그것은 선교구호를 많이 외치거나 선교사를 파송하고 후원금을 많이 보내는 것이 아니다. 누구든지 교회를 보고 기독교의 진리를 이해할 수 있도록 교회 자체가 변화되어야 한다는 뜻이다. 또한 성도 개인이 삶에서 진리를 실천하는 삶을 살아야만 한다. 이 모든 일에 코칭은 성도의 삶에서 복음이 구체화될 수 있도록 실용적이고 효과적인 지원도구가 될 수 있을 것이다. 코칭선교사들에게 자부심과 사명감이 더욱 촉구되는 이유라고 할 수 있겠다.

🔥 **선교적 코칭질문**

1. 선교에 대한 정의를 당신의 언어로 한 줄로 말한다면 무엇인가?
2. 기독교 진리를 위해서 교회가 어떻게 바뀌기를 바라는가?
3. 개인이 삶에서 진리를 실천한다는 것은 어떠한 의미일까?
4. 코칭을 통한 선교적 삶을 구현하고자 할 때 꼭 필요한 세 가지는 무엇인가?
5. 코칭선교사들이 꼭 기억해야 할 사명감을 무엇일까?

Memo

2
크리스천 코칭과 선교적 역할

박상민 코치

하나님의 선물, 크리스천 코칭

하나님께서 우리에게 주신 선물 중 하나가 아마도 코칭이 아닌가 싶다. 그것도 일반적 코칭이 아닌 크리스천 코칭이야말로 우리에게 치유와 회복, 자유와 기쁨을 주는 하나님의 특별한 선물이다. 왜냐하면 크리스천 코칭을 통해 코칭 현장에서 놀라운 일들을 경험하게 되기 때문이다. 일반 코칭에서는 코치와 피코치의 만남과 교제 그리고 코칭 프로세스를 통해서 코칭이 이루어진다고 생각한다. 그러나 크리스천 코칭의 현장에서는 코치와 피코치 단 둘만 있는 것이 아니라, 그곳에 성령 하나님께서 함께 하시고 역사하고 계신다고 정의된다.

"두세 사람이 내 이름으로 모인 곳에는 나도 그들 중에 있느니라"

(마 18:20)

두 세 사람이 예수 그리스도의 이름으로 모인 곳, 바로 크리스천 코칭 현장에는 마태복음의 말씀처럼 예수 그리스도께서 성령으로 함께 계신다. 나와 너의 사이, 서로의 사이, 거리상의 의미가 아닌 나와 너의 관계 사이, 즉 '서로의 관계의 사이에' 늘 계신다. 그래서 크리스천 코칭 현장엔 코치와 피코치 그리고 성령 하나님께서 함께 계시고 역사하신다.

크리스천 코칭 현장에서의 하나님 나라

코칭 현장에서 성령 하나님의 역사로 우리는 놀라운 일들을 경험하게 되는데 그중에 하나가 바로 하나님 나라를 경험할 수 있다는 점이다. 하나님 나라는 무엇인가? 그곳은 바로 하나님의 통치가 이루어지는 나라, 하나님께서 우리의 왕으로 좌정하시고 다스리시는 나라를 의미한다. 하나님 나라는 죽어서만 가는 곳이 아니라 이 땅에서도 경험할 수 있는 신비한 곳이다.

"이르시되 하나님 나라의 비밀을 아는 것이 너희에게는 허락되었으나
다른 사람에게는 비유로 하나니 이는 그들로 보아도 보지 못하고
들어도 깨닫지 못하게 하려 함이라" (눅 8:10)

하나님 나라는 예수 그리스도를 구주로 영접한 사람만, 하나님의 자녀의 권세를 받은 사람만이 갈 수 있는 거룩한 곳이다. 누가복음에서 기록된 말씀처럼 허락받은 사람들만이 갈 수 있는 나라다. 그 외 사람에게는 보아도 보지 못하고 들어도 깨닫지 못하는 숨겨진 비밀이다. 이 하나

님 나라는 상상으로나 생각으로만 존재하는 것이 아니라 실재하며 실존하고 경험할 수 있다.

경험하는 삶

코칭을 통해 성령 하나님의 역사로 우리는 실제로 하나님 나라를 경험할 수 있다. 그리고 그것을 가질 수 있다고 성경에 기록되어 있다.

"율법과 선지자는 요한의 때까지요 그 후부터는 하나님 나라의
복음이 전파되어 사람마다 그리로 침입하느니라" (눅 16:16)

성경에서는 그 신비의 하나님 나라를 더욱 놀랍게도 침노하는 자의 것이라고 기록하고 있다. 그리고 그것을 경험하며 누릴 수 있다고 예수님께서 말씀하셨다.

"그러나 내가 만일 하나님의 손을 힘입어 귀신을 쫓아낸다면
하나님의 나라가 이미 너희에게 임하였느니라" (마 12:28, 눅 11:20)

그리고 더욱 신비롭고 놀라운 것은 하나님 나라는 이미 우리에게 임했다는 것이다. 그리고 그 하나님 나라는 상상으로만, 생각으로만이 아닌 실제로 우리가 경험할 수 있다는 것이다. 할렐루야! 그러면 어떻게 하나님 나라를 경험하며 느낄 수 있는가?

"하나님의 나라는 먹는 것과 마시는 것이 아니요

오직 성령 안에 있는 의와 평강과 희락이라" (롬 14:17)

하나님의 놀라우신 사랑으로 예수 그리스도의 대속의 은혜로 우리는 하나님 나라를 경험할 수 있다. 그것은 인간적인 생각으로 먹고 마시고 즐기는 것이 아니다. 그것은 로마서의 말씀처럼 오직 성령 안에서 의와 평강과 희락으로 경험되며 증거되며 표현될 수 있다. 의란 무엇인가? 바로 죄인인 우리가 예수 그리스도의 대속으로 인해 하나님과 관계가 회복된 관계를 말하는 것이다. 평강이란 무엇인가? 세상이 줄 수 없는 가장 큰 평안이다. 그것은 죄의 형벌, 죄의 삯인 사망, 죽음의 두려움을 사망 권세를 이겨내신 예수 그리스도께서 우리에게 주시는 샬롬이다. 하늘에서 내려오는 평화보다 더 평안하고 평화한 것이 바로 평강이다.

또한 희락이란 무엇인가? 세상의 어떠한 기쁨으로도 줄 수도 없는 세상 것이 아닌 우리 심령 깊은 곳에서부터 나오는 생수의 강이 흘러나오듯이 우리 심령에서 경험되는 것이다. 말로 다 표현할 수 없는 가장 기쁘며 즐거운 것이다. 그 신비롭고 놀라운 의와 희락과 평강을 경험하며, 누리는 것이 바로 심령 천국이며 하나님 나라인 것이다. 할렐루야!

세상이 알 수도 없는 경험할 수도 없는 것, 일반 코칭 현장에서는 절대 알 수도 느낄 수도 없는 것을 경험하며, 감격하며, 감사하는 현장이 바로 크리스천 코칭 현장이다. 코치와 피코치 그리고 성령 하나님께서 함께하시는 신비의 순간이다. 하나님 나라를 경험한 코치와 피코치는 이전의 생각과 전혀 다른 가치와 의미와 생각으로 변화된다. 그리고 그 결과는 놀랍다. 개인의 욕구와 욕망을 이루려는 단순한 목표를 성취하려고 시작한 코칭에서 자신의 진정한 가치를 발견하고 목표로 하려는 것에 대한 진정한 의미가 자신에서 하나님으로 그리고 이기적에서 이타적으로 변화된다.

단순히 'Doing'만을 생각했던 것에서 'Being'의 관점으로 변화되고 전환하게 된다. 자기 자신을 바라보던 시각에서 하나님께서 자신을 바라보는 시각으로 전환된다. 자기 중심에서 하나님 중심으로, 자기만의 생각에서 하나님 중심의 생각으로 바뀌게 된다. 어떻게 이런 일이 발생할 수 있는가? 어떻게 이렇게 될 수 있는가? 이것이 바로 크리스천 코칭의 가장 강력한 힘이며 신비이고, 능력이며 은혜다.

증거하는 삶

그러면 이러한 하나님의 사랑을, 예수 그리스도의 은혜를, 성령님의 역사를 경험했다면 우리는 어떻게 해야 하는가? 그것은 바로 그 사랑과 은혜와 역사를 증거하는 것이다. 전하지 않고는 결코 견딜 수 없는 것이다.

"대답하여 이르시되 내가 너희에게 말하노니 만일 이 사람들이 침묵하면 돌들이 소리 지르리라 하시니라"(눅 19:40) 말씀처럼 이 놀라운 일을 경험한 사람들은 결코 침묵할 수 없다. 왜냐하면 "그리스도의 사랑이 우리를 강권"(고후 5:14)하시기 때문이다.

예수님의 증거의 삶

예수님께서 성육신하시고 인간의 모습으로 우리를 구원하러 오셨다. 오셔서 첫 번째 하신 말씀이 무엇인가? 그것은 가장 중요한 말씀이다. 왜냐하면 그 말씀을 하시기 위해 하나님이신 예수님께서 인간의 몸으로 오셨기 때문이다. 그 가장 중요한 첫 말씀은 아래와 같다.

"예수께서 갈릴리에 오셔서
하나님의 복음을 전파하여 이르시되 때가 찼고
하나님의 나라가 가까이 왔으니
회개하고 복음을 믿으라 하시더라" (막 1:14-15)

예수님께서 오셔서 처음 하신 말씀은 바로 "하나님 나라가 가까이 왔다"라는 것이다. 그러기에 "회개하고 복음을 믿으라"고 선포하셨다. 단순히 선포만 하셨을까? 아니다. 예수님께서 왜 오셨는지 예수님께서 직접 증언하고 계신 것을 성경은 분명하게 기록하고 있다.

"예수께서 이르시되 내가 다른 동네들에서도 하나님의 나라 복음을
전하여야 하리니 나는 이 일을 위해 보내심을 받았노라" (눅 4:43)

예수님께서는 하나님 나라를 선포하기 위해 오셨고 하나님 나라를 전하기 위해 온 마을과 지역을 다니시며 복음을 전파하셨다. 그 위대한 구원의 사역을 위해 하나님의 보내심을 받았다고 자신의 정체성과 자신의 사명을 확실히 선포하셨다. 그러면 예수님께서 오셔서 사명을 이루시기 위해 어떻게 하셨을까?

"그 후에 예수께서 각 성과 마을에 두루 다니시며 하나님의 나라를

선포하시며 그 복음을 전하실새 열두 제자가 함께하였고" (눅 8:1)

예수님께서 하나님 나라를 전파하시기 위해 직접 각 성과 마을을 걸어서 두루 다니시면서 하나님 나라를 선포하셨다. 그리고 그 기쁜 소식인 복음을 전할 때 열두 제자들과 함께하셨다고 기록되어 있다. 그러나 천천히 느긋하게 하나님 나라를 전하지 않으셨다. 오직 그 일을 그렇게 중요하고 급하게 전파하셨다. 그것을 어떻게 알 수 있나? 아래 성경을 보면 얼마나 급하고 중요하게 생각하시는지 알 수 있다.

"이르시되 죽은 자들로 자기의 죽은 자들을 장사하게 하고
너는 가서 하나님의 나라를 전파하라 하시고" (눅 9:60)

이 말씀은 예수님께서 "나를 따르라"고 말씀하신 사람에게 하신 말씀이다. 예수님께서 길을 가실 때에 어떤 사람이 "어디로 가시든지 나는 따르겠습니다" 하면서 예수님을 따라 하나님 나라를 전파하겠다고 이야기하는 사람도 있었다. 그런데 또 다른 사람에게 예수님께서 "나를 따르라" 하시니 그 사람이 "나로 먼저 가서 내 아버지를 장사하게 허락하옵소서, 그리고 나서 나는 예수님을 따르겠습니다"라고 했지만 예수님께서는 그 사람에게 "죽은 자들로 자기의 죽은 자들을 장사하고 너는 가서 하나님 나라를 전파하라"고 말씀하셨다. 아버지를 장사 지내지 말라고 하는 것인가? 그렇지 않다. 이 말씀은 하나님과 영적으로 끊어진 사람, 영적으로 죽은 사람들이 죽은 자들을 장사하라는 말씀이다. 그러나 더 중요한 것은 하나님 나라를 전파하는 것이 얼마나 중요하고 급한 것인지 우리는 이 말씀을 통해 알아야 한다는 것이다.

예수 그리스도께서는 우리의 모든 죄를 위해 가장 고통스러운 죽음인 십자가에 죽으셨다. 죽으시기 전에 "테텔레스타이"라고 말씀하셨다. 그것은 '모든 것을 다 이루었다' 라는 뜻이다. 하나님 아버지께서 예수님께 위탁하신 모든 것을 다 이루셨다는 것이다. 완성하신 것이다. 모든 임무가 끝났다는 것이다.

그러나 예수님께서 십자가에서 죽으시고 3일 만에 부활하신 후에 40일 동안 하신 일이 있다. 과연 무슨 일을 하셨을까? 혹시 못다 하신 일이 남아 있었던 것은 아닐까? 절대 그렇지 않다. 이미 십자가에서 모든 것을 다 이루시고 완성하셨다. 그러면 부활하시고 바로 승천하셔서 하나님 우편에 계시지 않고 이 땅에, 제자들과 함께, 그것도 잠시도 아닌 40일 동안 무엇을 하셨을까? 무엇을 하시기 위해 40일이나 계셨을까? 이는 아주 중요한 것이다.

"그가 고난받으신 후에 또한 그들에게 확실한 많은 증거로
친히 살아계심을 나타내사 사십 일 동안 그들에게 보이시며
하나님 나라의 일을 말씀하시니라" (행 1:3)

그것은 바로 사람들에게 하나님 나라의 일을 말씀하시는 것이었다. 얼마나 중요하고 강조하고 싶으셨으면 죽으신 후에 다시 부활하셔서 다시, 꼭, 강조해서, 하루도, 4일도 아닌 40일 동안 오직 하신 일이 하나님 나라를 말씀하신 것이었을까? 그리고 그 말씀을 하시고 마침내 제자들이 보는 앞에서 승천하셨다. 예수님께서는 처음 이 땅에 오셨을 때부터, 이 땅에 계실 때도 그리고 마침내 부활하시고 승천하실 때까지 오직 한 가지를 말씀하셨다. 그것은 바로 '하나님 나라'다.

제자들의 증거의 삶

그러면 제자들은 어떻게 했을까? 많은 제자들이 있지만, 대표적으로 빌립과 바울을 살펴보자. 빌립과 바울은 다음과 같이 말하여 전도했다.

"빌립이 하나님 나라 및 예수 그리스도의 이름에 관하여 전도함을 그들이 믿고 남녀가 다 세례를 받으니" (행 8:12)

"바울이 회당에 들어가 석 달 동안 담대히 하나님 나라에 관하여 강론하며 권면하되" (행 19:8)

"바울이 아침부터 저녁까지 강론하여 하나님의 나라를 증언하고 모세의 율법과 선지자의 말을 가지고 예수에 대하여 권하더라" (행 28:23)

빌립이 예수님께서 하신 것처럼 하나님 나라를 전파하여 사람들이 믿고 세례를 받고, 바울이 회당에서 3개월 동안 아침부터 저녁까지 담대히 하나님 나라를 강론하고 권면하고 증언했다. 모든 제자들도 마찬가지였을 것이다. 그들이 보고 듣고 경험한 것은 바로 예수님께서 친히 보여주시고 가르쳐주신 것이고, 직접 경험한 하나님 나라이기 때문이다.

우리의 증거의 삶

　자, 그러면 우리가 잘 알고 있는 사도행전을 살펴보고자 한다. 사도행전의 첫째 장에서 우리는 이미 죽음에서 부활하신 예수님께서 40일 동안 하나님 나라를 선포하신 것을 알고 있다. 그러면 사도행전의 맨 마지막 장 마지막 절은 어떻게 끝날까?

　"바울이… 하나님의 나라를 전파하며 주 예수 그리스도에 관한 모든 것을 담대하게 거침없이 가르치더라" (행 28:30-31)

하나님 나라를 경험한 신학생들과 함께

　성령행전이라고 하는 사도행전이 처음부터 마지막까지, 일관되게 가장 중요한 것을 이야기하고 있다. 그것은 바로 하나님 나라다. 사도 바울이 아침부터 저녁까지, 가는 곳마다 계속해서 하나님 나라를 전파했다. 그것도 담대하게 거침없이 끝까지 전파했다. 무엇을? 하나님 나라를! 자 그러면 그다음은 누가 써가야 할까? 우리가 사도행전을 써나가야 한다! 지금 우리가 사도행전 29장을 써가고 있는 것이다. 그러면 어떻게 하나님 나라를 전파해야 하는가? 먼저 하나님 나라를 전해야 한다. 우선 순위를 하나님 나라에 두어야 한다.

> "너희는 무엇을 먹을까 무엇을 마실까 하여 구하지 말며 근심하지도 말라 이 모든 것은 세상 백성들이 구하는 것이라 너희 아버지께서 이런 것이 너희에게 있어야 될 줄을 아시느니라 오직 너희는 그의 나라를 구하라 그리하면 이런 것을 너희에게 더하시리라" (눅 12:29-31)

우리가 살아가는 곳에서, 우리의 삶의 목표가, 먼저 해야 할 것이 있다. 예수님께서 하신 것이고, 부탁하신 것이며, 사도들과 제자들이 한 일이다. 그리고 예수님께서 우리에게 명령하셨다. 이것을 우리는 지상 최대 명령이라고 한다.

> "예수께서 나아와 말씀하여 이르시되 하늘과 땅의 모든 권세를 내게 주셨으니 그러므로 너희는 가서 모든 민족을 제자로 삼아 아버지와 아들과 성령의 이름으로 세례를 베풀고 내가 너희에게 분부한 모든 것을 가르쳐 지키게 하라 볼지어다 내가 세상 끝날까지 너희와 항상 함께 있으리라 하시니라" (마 28:19-20)

예수님께서 명령하셨다. 가라고. "가서 모든 민족을 제자 삼으라"고 하셨다. "아버지와 아들과 성령의 이름으로 세례를 베풀라"고 하셨다. 그리고 "그들에게 모든 것을 가르쳐 지키게 하라"고 하셨다. 그러면서 "세상 끝날까지 하늘과 땅의 모든 권세를 가지신 내가 세상 끝날까지 너희와 항상 함께 있으리라" 말씀하셨다.

마태복음 첫 장에서 "그가 자기 백성을 그들의 죄에서 구원할 자이심이라"고 예수님의 이름을 설명해주고 있다. "그의 이름을 임마누엘이라 하리라 하셨으니 이를 번역한 즉 하나님이 우리와 함께 계시다 함이라" 그리고 마태복음 마지막 장에서 그의 이름인 임마누엘의 뜻인 "내가 세상 끝날까지 너희와 항상 함께 있으리라" 말씀하셨다.

임마누엘로 시작한 마태복음은 임마누엘로 끝이 난다. 우리와 함께 하시면서 예수님께서 오늘날 우리에게 무엇을 바라실까? 코칭 현장에서 우리에게 바라시는 것이 무엇일까? 아니, 그전에 내 자신에게 무엇이 되기를, 무엇을 하기를 바라실까? 우리에게 코칭이란 너무나 좋은 툴을 주셨다. 이것을 통해 '무엇을 먹을까?', '무엇을 마실까?', '무엇을 입을까?' 하는 데 사용하는 것이 아니라 우리에게 부탁하신 하나님 나라의 임재를 경험하며 하나님 나라를 전하며 하나님 나라를 이루는 데 사용되고 쓰임 받기를 간절히 기대한다.

> "우리가 그를 전파하여 각 사람을 권하고 모든 지혜로 각 사람을
> 가르침은 각 사람을 그리스도 안에서 완전한 자로 세우려 함이니
> 이를 위하여 나도 내 속에서 능력으로 역사하시는 이의 역사를 따라
> 힘을 다하여 수고하노라" (골 1:28-29)

코칭을 통해 하나님께서 우리에게 붙여주신 천하보다 귀한 영혼에게 예수 그리스도를 전파하며 각 사람을 코칭 하여 각 사람을 그리스도 안에서 온전한 자로 세워나가는 일, '그리스도의 몸 된 교회'를 세우는 일, '하나님 나라'를 세우는 일에 우리도 우리 속에서 능력으로 역사하시는

성령 하나님의 역사를 따라 힘을 다하여, 정성을 다하여 그리고 뜻을 다하여 수고하는 우리 모두가 되길 소원한다. 우리는 한 손에 복음을 그리고 한 손에 코칭을 들고 세상 속으로 달려가는 코칭선교사들이다! 코칭선교사가 코칭선교사가 아닌 사람을 만나 하나님 나라를 전파하는 것이 우리의 사명이며 소명이다. 누가 선교사인가? 그리고 어디가 선교지인가?

그리스도가 없는 가슴마다 선교지이고,
그리스도가 있는 가슴마다 선교사이다!

 선교적 코칭질문

1. 당신은 하나님 나라를 최근에 경험한 적이 있는가?
2. 당신은 예수 그리스도가 당신의 주인이심을 삶에서 어떻게 나타내고자 하는가?
3. 당신에게 하나님께서 붙여주신 피코치를 어떻게 섬기고자 하는가?
4. 코칭 현장에서 성령 하나님의 역사를 어떻게 경험하고 있는가?
5. 경험한 그 하나님의 은혜를 어떻게 전하고 싶은가?

3
제4세대 선교사의 출현

피터정 코치

저 멀리 언덕에서 휘몰아치는 사막의 먼지들 사이로 무엇인가 움직이고 있었다. 한 무리의 사람들이 여리고 언덕에서 내리막길로 막 들어서고 있었던 것이었다. 아마도 예루살렘을 거쳐서 여리고 도시로 이동하고 있는 사람들인 것 같았다. 멀리 떨어져 있어 정확한 실체를 볼 수는 없었지만 저 멀리서 아래로 내려오기 시작한 그들의 모습은 햇빛을 받아 웅장한 분위기를 만들어내고 있었다. 그리고 내 주변의 사람들이 웅성대기 시작했다. 바로 인류 최고의 코치이신 예수님과 그의 제자들이 여리고로 입성하고 있다는 이야기였다.

선교의 역사에 있어서

선교의 역사에 있어서 한국은 그 유래를 찾아볼 수 없을 정도로 놀라운 기록을 세워왔다. 이는 철저하게 성령의 음성에 귀를 기울이고 당당하게 그 도전의 길을 달려왔기 때문일 것이다. 하지만 2030년을 향한 지금의 시점에서 볼 때 한국 선교의 앞날은 그렇게 밝지만은 않은 것 같다. 오래전부터 시작된 교회의 마이너스 성장은 물론이고 팬데믹으로 인한 선교에 대한 성도들의 인식의 변화는 이러한 문제를 더욱 크게 만들고 있기 때문이다. 지금의 시점에서 어떠한 큰 변화가 존재하지 않는 한 앞으로 교회의 존립과 선교의 몰락은 당연한 결과로 나타날 것이다.

그렇다면 지금까지 선교의 방향이 잘못되었단 말인가? 물론 그렇지는 않다. 단지 지금까지 실행하던 방식 그대로 앞으로도 진행하게 된다면 이제는 더 이상 아무런 성과도 볼 수 없다는 의미다. 아프리카와 같은 미지의 땅으로 목숨을 담보 삼아 복음을 전하러 가던 제1세대의 선교는 막을 내린 지 오래되었다. 그 뒤로 식민지가 개척되면서 그 길을 따라 복음의 항로를 그려왔던 제2세대의 해양 선교와 내륙 선교를 지향하면서 동시에 오지로 복음을 전하던 제3세대 선교 방식도 이제는 흔한 이야기가 되어버렸다.

포스트 모더니즘 시대에

지금은 포스트 모더니즘으로 인해 각자의 의견과 주장이 판단의 척도가 되었으며 동시에 절대적인 것보다는 확실성에 더 주목하는 시대가 되었다. 그러하기에 지금은 보이지도 않고 확신할 수도 없는 하늘의 이야기에 귀를 기울이는 이들을 찾아볼 수가 없을 정도다. 그렇다면 AI와 더불어 동시대에 살고 있으며 또한 가상의 메타버스 시대 속에서 살아가는 요즘 사람들에게 과연 지금까지 행해오던 복음의 전도 방식은 얼마나 높은 효율성을 보일까?

지난 30여 년 동안 한국 선교는 그 시대적 역할을 충분히 해왔다. 하지만 새로운 시대는 전통적인 선교적 접근 방법과 패러다임을 더 이상 용납하지 않는다. 서구 교회를 중심으로 선교해오던 시대는 이제는 존재하지 않는 것 같다. 10/40창을 중심으로 선교하던 시대를 지나 지금은 오히려 아프리카와 남미 중심의 새로운 선교의 시대가 열리고 있다. 그리고 이를 위해서는 선교에 대한 모든 개념과 운영 방식 등에서 혁신이 절대적으로 필요할 뿐이다.

전통적인 선교 측면에서 볼 때 자국을 떠나 다른 나라로 가서 그곳에서 교회를 세우는 것을 선교사들의 역할이라고 이해해왔다. 또한 일방적으로 서구권 국가에서 제3세계 나라로 나가는 것이 선교의 방향인 듯 정해져 있는 듯했다. 하지만 지금은 남반구의 선교사들이 북반부로 이동하는 추세에 놓여 있음을 간과해서는 안 될 것이며 선교사들의 역할 범위도 상당히 다양해졌다. 그리고 선교사에게는 늘 본국과 선교지가 이분법처럼 나누어져 있었다. 하지만 이러한 생각의 틀 또한 차세대 선교를 함에 있어서 큰 방해가 될 것이다. 또한 교회의 선교적 역할 측면은 어떠한가? 교회는 선교사를 보내고 후원하며 감독하는 역할만을 강조하고 있다. 하지만 이러한 역할 분리의 틀은 선교를 더욱 어렵게 하는 요소로 변해 있음을 인식해야 할 것이다.

선교방식 비교

전통적인 선교 방식	차세대 선교 방식
지리학적인 경계	믿음과 불신의 경계
선교지에 교회 세우기	삶의 방식과 패러다임 체인지
일방통행 방식의 선교	쌍방통행 방식의 선교
타국에 존재하는 선교지	삶의 모든 현장이 선교지
교회와 선교사의 역할 분리	모든 교회가 선교사

차세대 선교사역

지금은 선교 현장에서 열심으로 사역하는 20~30대 선교사를 모두 합한 수보다도 60대 이상의 선교사가 두 배나 더 많은 수치를 보이고 있다. 이는 다른 말로 앞으로 10년 내에 수많은 은퇴 선교사들이 늘어날 것을 말하는 것이다. 즉 선교의 황금기에 앞장섰던 제1기 선교사들이 곧 은퇴할 예정이지만 이들을 이어서 차세대 선교 사역을 진행할 청년 선교사들은 실종된 지 오래되었다.

세상은 빠르게 변하고 이미 국내에는 인구의 약 5%를 차지하는 외국 이주민들이 우리와 공존하고 있다. 또한 메타버스와 같은 가상의 공간에서 젊은이들은 하루 중 많은 시간을 소비하면서 지내고 있는 실정이다. 이러한 시대에 전통적인 선교 모토인 'GO & SEND'를 내걸고 아직도 양적인 측면에서의 선교적 전략을 고수한다면 이는 시대를 제대로 읽지 못하는 우둔한 관점일 뿐이다. 그렇다면 차세대 선교 사역은 어떠한 방향으로 나아가야 할 것인가? 우리는 앞으로 이 질문에 민감하고 탁월한 답변을 내놓아야 할 것이다.

지금은 솔직히 말해서 문만 열면 자신만의 선교지가 펼쳐지는 시대에 살고 있다. 다시 말해서 국내에서는 이미 기독교인의 수가 놀라울 정도로 빠르게 줄어들고 있으며 또한 기독교인이라고 당당하게 말하기에는 왠지 부끄러운 시대가 되어버렸다. 이는 추수할 들판이 저 멀리 있는 타국의 외지에만 있는 것이 아니고 바로 우리의 문 밖에 펼쳐져 있다는 것을 의미한다. 그곳이 바로 21세기의 마지막 선교지가 될 것이다. 그로 인해 이제는 맞춤형 제4세대 선교사의 존재가 요구되고 있는 실정이다.

'경배와 찬양'의 바람이 전국에 일어나 방방곡곡에서 찬양사역자들이 활발하게 사역하기 시작했던 때를 기억하는가? 그리고 비슷한 시기에 해외 선교사의 비율 또한 놀랍도록 증가하기 시작했다. 이는 그러한 사역자들이, 그 시대가 요구하는 최적의 일꾼이 있었다는 것을 말해주고 있는 것이다. 그렇다면 지금은 어떠한 유형의 사역자들이 필요할까? 물론 메타버스와 같은 가상 공간에서 사역할 전문가들이 앞으로는 많이 요구될 것이다. 또한 복잡한 사회의 시스템으로 인해 유발되는 각종 스트레스와 우울증 등으로 힘들어하는 이들을 위한 크리스천 상담 사역자도 요구될 것이다. 그렇다면 AI와 협업을 통해 나가야 할 사람들에게 필수적인 요소인 내재된 가능성과 잠재력을 찾아 개개인과 조직이 성장할 수 있도록 돕는 크리스천 코칭 사역 또한 필요하지 않을까?

제4세대 선교사

이에 캐나다에 본부를 두고 크리스천 리더를 대상으로 오랫동안 코칭리더십 훈련 학교를 운영하고 있는 글로벌코칭리더십협회(GCLA)는 정서적으로, 영적으로 그리고 정치적으로 혼돈의 시기를 거치고 있는 지금의 시대에 가장 적합한 일꾼을 양성할 큰 그림을 그렸다. 지난 7년간 다양한 리더십 훈련과 코칭 훈련을 통한 전문성을 바탕으로 마침내 시대가 요구하는 전문인 선교사를 배출하기로 결정하고, 오랜 준비 끝에 오는 2023년 말부터 본격적으로 선교사 훈련에 돌입하기로 결정했다.

우리의 추억 속에는 매년 12월만 되면 길거리에 울려 퍼지는 크리스마스 캐롤을 즐겨 듣던 시절이 있었다. 또한 CCM 문화가 절정을 이루어 모든 교회가 젊은 층을 위한 예배를 따로 만들던 때도 있었다. 하지만 1990년대부터 시작된 이러한 놀라운 기독교 문화의 콘텐츠가 어느 순간부터 우리들 주변에서 사라지기 시작했다. 그 흔하던 CCM은 물론이고 기독교 뮤지컬과 연극들도 잊힌 지 오래되었다. 중심을 잡아주어야 할 교회의 역할이 무너지기 시작하면서 순식간에 기독교 문화 또한 그 힘을 잃어버리게 된 것이다.

이러한 예수 문화의 실종은 교회의 급속한 추락을 가져왔으며 그곳에 속한 수많은 성도들을 절망 속에 남겨두었다. 그렇다면 과연 앞으로 교회는 어떠한 문화와의 협업을 통해 다시 한 번 더 소생할 수 있을까? 그 답은 바로 사도행전에서 찾아볼 수가 있다. 안디옥 교회를 통해 최초의 선교사를 파송하여 이방의 문화에 탁월한 복음의 문화를 소개하고 복음의 전성기를 맞이했듯이 그렇게 지금의 시대 또한 그와 같은 제2의 안디옥 교회가 필요한 시기다. 그처럼 잘 준비된 문화가 이 사회에 들어가게 될 때 가정을 중심으로 교회는 물론이고 열방에 퍼져 있는 모든 선교지가 다시 열매를 맺는 시기를 만날 것이라 믿는다.

크리스천 코칭의 문화에는 다음과 같은 여섯 가지의 주된 특징이 있다. 그것들은 바로 긍정성(Positivity), 성실과 열정(Honesty & Passion), 관계 향상(Better Relationship), 비전 중심의 삶(Vision-driven Life), 수평적 리더십(Horizontal Leadership), 서번트 리더십(Servant Leadership) 등이다. 이러한 문화적 특징 중에서 일부는 현재의 우리의 삶과 교회 및 선교지의 관계 속에서 많이 잊혀버린 것들도 있으며 또 다른 일부는 새롭게 도전해야 할 요소들이다.

크리스천 코칭의 문화적 특징

긍정성	코칭의 과정뿐만 아니라 피코치를 세워주는 긍정의 힘
정직성	코치와 피코치의 관계를 건전하게 성립시키는 정직성
관계 향상	경청과 파워풀한 질문으로 관계적인 면에서 향상
비전 중심	비전과 목표 중심으로 적극적인 삶을 구현
수평적 리더십	수평적인 리더십 중심으로 모든 이들에게 권한을 위임
서번트 리더십	'나' 중심이 아닌 '상대방' 중심의 탁월한 존중과 관계성

한국의 교회는 얼마 전까지만 해도 소수의 리더에 의해 성경과 기도와 찬양이라는 핵심 문화만을 강조하고 그 안에서 성도들을 머물게 했다. 그로 인해 파트너 관계를 유지하면서 타인을 격려하고 지지하고 칭찬하는 문화를 경험하지 못했던 것이었다. 하지만 지금의 시대는 교회가 놓쳐버린 '격려의 문화'를 중심으로 변화한 지 오래되었다. 그에 따라 한쪽 성향만 강조하던 교회의 가치와 리더십은 여지없이 무너지게 되었다.

이에 GCLA에서는 새로운 유형의 선교사를 훈련시키고 있는 중이다. 그것이 바로 '코칭선교사'다. 이들은 교회의 존재 이유인 '선교'를 가장 정확하게 인지하고 훈련받고 있으며 쓰러져가는 교회를 다시 한 번 더일으켜 세울 핵심 사역자로 떠오르고 있다. 이미 '교회'라 불리던 성도들을 직접 만나 그들이 겪고 있는 세상의 문제와 신앙의 문제를 해결하고 치유하며 동시에 회복의 단계로까지 인도하고 있는 중이다. 이렇게 총체적인 새로운 접근 방법은 교회가 다시 사회로 다가가 그 구성원들을 격려하고 지지하며 무너진 그들의 정체성을 다시 세워갈 수 있는 든든한 밑받침 역할을 하게 될 것이다.

이들 코칭선교사들은 이 시대를 꿰뚫어보는 통찰력을 갖게 될 것이며, 다음 세대를 향한 열정과 지혜로 가득할 것이며 동시에 가장 작은 단위의 교회인 가정을 살리는 데 주력할 것이다. 물론 이는 자연스럽게 교회와 선교지의 부흥을 위한 첫걸음이 될 것이다.

예수의 문화 그 방식대로

복음의 열정으로 불타오르는 인생 최고의 코치인 예수님과 그의 제자들이 여리고 지역으로 들어오자마자 수많은 사람들이 그 무리를 에워싸기 시작했다. 이는 늘 있었던 일이기에 예수님은 크게 당황하지 않았다. 그때 키가 작고 다른 이들에게 치여서 제대로 자리도 잡지 못해 예수님으로부터 멀리 서 있던 한 사람이 갑자기 나무 위로 올라가기 시작했다. 그는 바로 동네 사람들에 의해 왕따를 당하던 세리장 삭개오였다. 그 당시 가장 탁월한 가르침과 기적 그리고 치유의 역사를 만들어내시는 예수님을 만나 삶의 장애물이 되는 내적인 문제를 토로하고 싶었지만 도저히 세상 사람들이 만든 그 벽을 뚫고 지나갈 수는 없었다.

하지만 주님을 만나고자 하는 그의 열정은 이내 옆에 높이 솟아 있던 돌무화과 나무를 선택하게 되고 어린아이처럼 그 위로 올라가 앉으면서 주님이 지나가시기를 기다렸다. 그런데 그를 무시하던 다른 이들과는 달리 주님은 친히 그 나무 아래로 오시더니, 그의 삶과는 전혀 다른 '순결'이란 뜻을 가진 그의 이름 즉 '삭개오'를 외치셨다. 이에 삭개오와 주님의 놀라운 라포(rapport) 관계가 성립되었다. 곧이어 "속히 내려오너라"라는 주님의 말씀에 그의 맥박은 갑자기 빠르게 움직이기 시작했고 자신도 인식하지 못한 채 나무에서 내려오기 시작했다.

삭개오가 앉아 있던 그 나무는 히브리어로 '쉬크마'라고 불리던 돌무화과 나무였다. 그 나무는 '재활' 혹은 '갱생'의 의미를 가지고 있었는데 아마도 이어지는 주님의 선언, 즉 "오늘 구원이 이 집에 이르렀으니 이 사람도 아브라함의 자손임이로다"(눅 19:9)라는 말씀을 미리 연상케 만드는 것 같다. 이에 삭개오도 "소유의 절반을 가난한 자들에게 주겠사오며 만일 누구의 것을 속여 빼앗은 일이 있으면 네 갑절이나 갚겠나이다"(눅 19:8)라고 말하며 곧바로 대안 선택과 실행의 단계까지 자신을 옮기는 긍정의 화답을 하게 된다.

주님은 오랫동안 삭개오를 가두어두었던 부정과 거짓의 문화를 단번에 긍정과 정직의 문화로 바꾸셨다. 이러한 모습은 바로 차세대 선교사로 떠오른 문화의 창조자인 '코칭선교사'들이 담당해야 할 부분이다. 하나님께서 부여하셨던 그 가능성과 잠재력을 피코치로 하여금 발견케 하여 지금까지 살아왔던 어두운 과거의 삶이 아닌 진정으로 주님이 원하시는 새로운 삶의 위치로 그들을 옮겨주어야 하는 것이다. 그 길에서 코치는 자신의 목소리가 아닌 성령의 음성을 듣고 발걸음을 움직일 것이다. 이들이 앞으로 제4세대 선교사로 쓰임을 받게 될 '코칭선교사'다. 그들이 앞으로 담당하게 되는 모든 가정과 교회 그리고 선교지에 깔려 있는 어두컴컴한 이야기들을 모두 지워버리고 긍정과 정직 그리고 섬김으로 넘치는 미래의 이야기들을 피코치들과 더불어 다시 쓰길 원한다. 그 새로운 선교사들의 발걸음에 주의 은혜가 가득하길 축복한다.

🔥 선교적 코칭질문

1. 당신은 지금 어느 곳에 서 있는가?
2. 그곳은 하나님께서 당신을 만나고자 하는 곳과 어느 정도 떨어져 있는가?
3. 그러면 하나님을 만나기 위해서 당신은 어디로 달려가고자 하는가?
4. 그곳이 진정으로 하나님께서 원하시는 곳임을 어떻게 확인할 수 있는가?
5. 진정으로 원하는 곳에 도착한 당신은 도대체 어떠한 존재인가?

Memo

대륙의 심장을 향해

삶을 살아내다 보면 수많은 물음표들을 만난다. 크게는 존재의 의미가 무엇인지에서 작게는 오늘 무엇을 먹을 것인지에 이르기까지 다양하고 수많은 물음표들이 산재해 있다. 그 물음 표들이 느낌표로 바뀌는 순간 인식의 변화와 함께 성장이 일어난다. 느낌표로 바꾸는 선택을 할 때는 가장 신중하고 중요하게 결정되어야 하는 순간이기도 하다. 어떤 선택을 하느냐에 따라 그 느낌표는 인생을 긍정으로 이끌 수도 있고 부정으로 이끌 수도 있기 때문이다.

4

해결이 아닌 성장을 위해

윤수영 코치

"태초에 하나님이 천지를 창조하시니라

땅이 혼돈하고 공허하며 흑암이 깊음 위에 있고 하나님의 영은

수면 위에 운행하시니라"(창 1:1~2)

창세 전 이 땅의 상태를 혼돈과 공허함으로 표현하고 있다. 아무것도 일어날 수 없을 것만 같은 혼돈과 공허의 상태에서 천지창조의 역사가 일어났다. 한 번도 경험하지 못한 혼돈의 시대를 살아가는 삶 속에서 우리가 직면하는 혹은 해결하고자 하는 문제들이 그러한 혼돈의 상태일 수도 있다. 흑암의 깊은 상태일 수도 있다. 그러나 혼돈과 공허와 흑암의 상태 속에서도 하나님의 계획하심이 이루어지는 것처럼 변화를 위해 우리가 무엇을 선택하느냐에 따라 올드 노멀(old normal)에서 뉴 노멀(new normal) 시대로, 뉴 웨이(new way)로 선한 영향력을 가지고 살아갈 수 있다. 하나님의 사람들은 개인과 조직, 사회를 변혁시키는 사람들이다.

"하나님이 그들에게 복을 주시며 하나님이 그들에게 이르시되

생육하고 번성하여 땅에 충만하라, 땅을 정복하라, 바다의 물고기와

하늘의 새와 땅에 움직이는 모든 생물을 다스리라 하시니라"(창1:28)

창조 후 하나님께 제일 먼저 들은 음성을 통해 하나님께서 사람을 지으신 목적을 이야기하고 계신다. 하나님의 것을 하나님 닮은 사람에게 맡겨주셨다. 그러나 죄로 인해 영원한 삶, 행복, 선한 마음, 일의 기쁨, 몸의 건강, 세상통치 등 에덴에서의 축복을 잃어버렸다.

"… 내가 온 것은 양으로 생명을 얻게 하고 더 풍성히 얻게 하려는

것이라(요 10:10)"

생명 되신 예수님으로 말미암아 잃어버린 것들을 회복해야 한다. 최고의 코치이신 예수님으로 말미암아 세상을 변혁시키는 주체로 살아가기 위해 해결 중심이 아닌 성장 중심의 코칭을 만나는 시간으로 여러분을 초대한다.

물음표에서 느낌표로!

'삶'이라는 글을 풀어서 보면 '사람'이라는 글자가 나온다. 사람이 태어나서 죽기까지 이르는 동안 사는 일을 삶이라고 한다. 이 '삶'에는 사람이 있고, 사람과 사람이 더불어 소통하고 살아가는 것이 '삶'

이다.

우리는 오늘도 삶을 살아가고 있다. 살아내고 있는지도 모르겠다. 이렇게 삶을 살아내다 보면 수많은 물음표들을 만난다. 크게는 존재의 의미가 무엇인지에서 작게는 오늘 무엇을 먹을 것인지에 이르기까지 다양하고 수많은 물음표들이 산재해 있다. 그 물음표들이 느낌표로 바뀌는 순간 인식의 변화와 함께 성장이 일어난다. 느낌표로 바꾸는 선택을 할 때는 가장 신중하고 중요하게 결정되어야 하는 순간이기도 하다. 어떤 선택을 하느냐에 따라 그 느낌표는 인생을 긍정으로 이끌 수도 있고 부정으로 이끌 수도 있기 때문이다. 인생은 이렇게 방향성이 중요하다. 이 방향성이 삶의 질을 결정한다.

삶을 살면서 물음표에만 계속 머물게 된다면 어떤 삶을 살아가게 될까? 물음표에 머물러 있는 이유는 무엇일까를 생각해보면 다양한 방해요소들이 있기 때문이다. 내면에 있는 두려움, 낮은 자존감, 소통의 부재 등 다양하다. 그 방해요소들은 문제를 더 확대해서 보는 경향이 있고 느낌표로 나아가지 못하게 하는 걸림돌이 된다.

코칭은 이러한 방해요소를 줄이거나 걸림돌을 디딤돌이 되어 성장으로 나아가게 하여 잠재능력을 높여준다. 그래서 원하는 목표를 향해 나아가게 할 뿐만 아니라 단순한 문제해결이 아닌 보다 높은 성장을 초래하게 해준다. 존 휘트모어는 인간을 거대한 떡갈나무로 자라날 잠재력을 지닌 도토리로 바라보았다. 도토리가 떡갈나무로 성장하기 위해서는 충분한 양분과 빛, 토양, 물, 온도 등이 필요하다. 어린 떡갈나무는 높이가 30㎝ 정도밖에 되지 않는다. 그런데 뿌리는 1m까지 뻗어나간다. 이러한 뿌리의 힘으로 거대한 떡갈나무로까지 성장할 수 있는 것이다. 이와 같이 코칭은 단순히 문제 해결만을 하는 것이 아니라 코치의 인정과 칭찬, 격려와 지지, 질문과 경청, 피드백 등의 양분과 빛으로 거대한 떡갈나무로 자라나듯 성장으로 이끄는 것이다. 이것이 코칭의 특징이라고 할 수 있다.

코치는 피코치가 가지고 온 특정한 주제의 전문가가 아니라 코칭 자체의 전문가다. 코칭을 통해 피코치가 보지 못하는 것을 보고 느낄 수 있게 해준다. 인간의 본성은 매슬로의 욕구단계를 보면 알 수 있듯이 성숙하고 완전하며 성공을 이루어 성취감을 느끼는 사람들은 모두 그렇게 될 수 있다. 그렇게 하려면 발전과 성숙을 방해하는 내부의 장애를 극복하기만 하면 된다고 매슬로는 주장한다.

인간은 가장 기본적인 욕구인 생리적 욕구가 충족될 때까지는 다른 것은 신경 쓰지 못한다. 생리적 욕구가 충족되면 그다음 단계인 안전에 대한 욕구에 관심을 가지며 다음으로 사회적 욕구로 나아가게 된다. 사회적 욕구가 충족되면 존중의 욕구로 나아가며 자기신뢰와 자아실현의 욕구로 나아가게 된다. 크리스천 코치라면 '아하!' 모멘트를 통해 새로운 방향으로, 선한 영향력으로 자아실현을 뛰어넘어 자기 자신이 아닌 다른 사람의 가능성을 발견하여 자아만족을 찾도록 도울 수 있는 초월적 욕구로 변혁적 리더십을 이끌어야 한다. 변혁적 리더십으로 탁월한 리더십이 코칭 리더십이다. 코칭 리더십을 위해 코칭에 대해 좀 더 살펴보도록 하자.

코칭에서 경청이란

시대가 변하고 세기가 바뀌어도 삶에 대한 고민은 누구에게나 해당되는 것이며 피해갈 수 없는 과제다. 지금 현재 머무르는 곳보다 더 나은 최상의 삶을 원하기 때문에(생리적 욕구가 충족되면 안전에 대한 욕구로, 사회적 욕구로, 자기신뢰와 자아실현의 욕구로 계속해서 다음 욕구들을 원한다) 많은 문제를 만나고 고민을 하고 선택을 하며 더 많이 배우고 경쟁하는 사회구조 안에서 갈등하며 성장하며 살아간다. 그 자리에 머물거나 올라가기 위해 끊임없는 문제와 직면하고 해결해나가며 살아가고 있다.

코칭은 문제해결이 목적이 아니라 삶의 여정이 목적이다. 어떤 삶을 살아야 하는지에 대한 목표 설정은 4차 산업혁명 시대를 살아가는 우리에게 도전이 된다. 이 도전을 극복하려면 변화된 상황에 맞게 움직여야 한다. 크리스천 코칭을 통해 자기실현의 욕구를 넘어 초월적 욕구로 나아가야 하며, 하나님 나라의 회복을 통해 심령천국을 이루어야 한다. 그렇게 하기 위해서는 경청(Active Listening)을 잘해야 한다. 하나님의 음성을 잘 들어야 하는 것은 물론이거니와 피코치의 이야기도 잘 들어야 한다.

코칭에서 경청은 매우 중요한 기술이다. 경청은 상대방의 이야기를 깊이 있게 듣고 이해하는 것을 의미한다. 코칭 과정에서 코치가 피코치에게 더 나은 이해와 효과적인 지원을 제공하기 위해 사용하는 코칭 스킬 중 하나다. 코치는 피코치와의 상호작용에서 적극적으로 경청함으로써 피코치의 주파수를 맞출 수 있다. 피코치의 말과 그 말에 담긴 감정에 집중하고 의미를 이해할 수 있다. 침묵, 에너지 수준, 목소리, 신체언어는 물론 감정적 신호까지 읽어낼 수 있다. 나아가 자기인식, 목표설정, 문제해결, 성장 등을 촉진한다. 그러므로 적극적 경청이란 피코치와 코치 간의 신뢰와 협력을 증진시키며, 효과적인 코칭 프로세스를 구축하는 데 필수적이다.

코칭리더십의 대가 존 휘트모어의 적극적 경청을 위한 기본 기술을 아래 표에 기술했다. 적극적 경청 기술을 익히고 나면 뿌리가 싹을 내고 자라나듯 GROW 코칭 대화 프로세스를 통해 코칭 하면서 피코치를 문제해결을 뛰어넘어 성장으로 안내할 수 있다.

존 휘트모어의 적극적 경청을 위한 기본 기술

기술	방법
확인하기	상대방이 한 말을 그대로 다시 말해준다.
재정리하기	상대방이 한 말을 내용이나 의미를 훼손하지 않고 약간 다른 말을 사용해서 다시 말해준다.
요약하기	상대방이 한 말을 내용이나 의미를 훼손하지 않고 요약해서 다시 말해준다.
정확하게 이해하기	들은 내용의 핵심, 본질을 간략하게 표현하고 감정, 모순되는 말, 말과 일치하지 않는 표정이나 몸짓에서 직관적으로 읽어낸 가치 있는 사실을 추가한다. 상대방도 불분명한 부분을 정리하고 통찰하도록 도와주고, 제대로 이해했는지 확인한다.
자기표현 이끌어내기	상대방의 마음을 열기 위해 신뢰와 친밀감을 쌓는다.
판단, 비판, 집착 유보하기	열린 마음을 유지한다. 판단과 비판은 사람들을 방어적으로 만들고 말을 막아버린다.
들으면서 가능성 찾기	과거의 성과가 아니라 능력과 감정에 집중하고 상대방이 문제라고 생각하지 않는다. 제약이 없다면 상대방은 무엇을 발휘할 수 있을까?
마음으로 듣기	목소리, 표현, 표정, 신체언어와 비언어적 메시지를 듣는다. 전달되는 내용의 핵심, 본질을 듣기 위해 감정과 의도의 측면에 유의해 듣는다.

해결 중심이 아닌 성장 중심의 코칭

코칭은 피코치가 문제나 어려움을 해결하여 단순히 원하는 목표를 이루는 해결 중심이 아니라 더 나은 자아를 발견하고, 더 나은 결과를 달성하며, 더 나은 삶을 살도록 미래의 잠재력을 최대한 발휘하고 지속적인 성장과 발전을 추구하는 데 중점을 둠으로 성장 중심으로 이끈다. 코칭은 해결 중심이 아닌 주로 성장 중심이다. 피코치의 개인적인 성장과 발전을 중심으로 하는 것을 목표로 한다.

피코치가 특정 문제나 어려움을 해결하기 위한 도움을 필요로 할 수 있다. 이 경우, 코치는 피코치가 발생한 문제나 과제를 극복하도록 지원하고, 해결책을 찾도록 도울 수 있다. 해결 중심 코칭은 일시적인 문제에 집중하며, 주로 업무 상황이나 개인적인 문제를 해결하는 데 사용된다. 그러나 코칭의 궁극적인 목적은 단순한 문제해결이 아니라 피코치가 미래의 목표를 설정하고 달성하기 위해 필요한 역량을 개발하고, 자기인식을 향상시키며, 자아 계발을 촉진하는 데 중점을 두고 있다. 그러하기에 피코치가 잠재력을 최대한 발휘하고, 더 나은 삶을 살도록 돕는다.

피코치가 미래를 주도하고, 발전적인 자신을 만들기 위해 지속적인 학습과 개발을 추구하도록 코치가 돕는다. 이러한 성장 중심으로 이끄는 코칭은 개인과 전문적인 성장을 위한 강력한 도구로 사용될 수 있다. 나아가 개인과 조직의 성과 향상을 지원하는 데 기여하게 된다.

현재와 미래 중심, 강점 강화, 실천과제 설정과 실행 등으로 이끄는 해결 중심의 코칭에서 더 나아가 피코치와 함께 비전과 목표를 탐색하고 설정하는 데 주력한다. 피코치는 단순히 문제의 해결에 집중하는 것이 아니라, 어떤 방향으로 나아가고 싶은지에 대해 고민하게 된다. 피코치는 자기인식을 통해 자신의 강점, 가치, 역량, 관심사, 가치관 등을 더 잘 이해하고, 이를 통해 개인적인 성장과 발전이 이루어진다.

적극적 경청과 질문을 통해 피코치 자신의 목표와 비전을 더 잘 이해하도록 도울 뿐 아니라 자신의 생각과 느낌을 탐색함으로 성장의 방향을 찾아가게 한다. 또한 자신의 관심사나 역량을 개발하고, 자기 주도적으로 목표를 달성하는 방법을 찾게 된다.

성장 중심의 코칭은 단기적인 목표 달성이 아니라, 지속적인 가능한 발전을 이룰 수 있도록 개인적인 비전과 목표를 장기적으로 설정하고, 이를 달성하기 위해 지속적으로 노력한다.

성장을 위한 코칭과 경청

성장을 위한 코칭에서의 경청은 피코치가 미래의 목표를 달성하고 더 나은 삶을 살도록 만들기 위해 필요한 인내와 지원을 제공하는 것으로 밀접하게 연결된 요소다. 코칭은 피코치가 자신의 목표를 달성하고 더 나은 삶을 만들기 위해 개인적인 성장과 발전을 추진하는 데 도움을 주는 프로세스로, 경청은 이 과정에서 중요한 역할을 한다. 코칭 진행 과정에서의 경청은 피코치의 생각과 목표에 대한 깊은 이해와 공감을 제공하여 성장과 발전을 도모한다. 이러한 과정을 통해 피코치는 자신의 잠재력을 최대한 발휘하고 지속적인 발전을 경험하게 된다. 코치는 피코치의 개인적인 성장과 발전을 돕기 위해 적극적으로 경청하고, 피코치의 목표와 비전을 이해하며 지원해야 한다.

다음은 성장을 위한 코칭에서 경청의 중요성에 대한 내용을 정리한 것이다.

1. 적극적 경청

코치는 피코치의 이야기에 적극적으로 경청해야 한다. 피코치

가 자신의 목표, 욕구, 가치, 경험 등을 표현하고자 할 때, 코치
는 주의 깊게 들어야 한다.

2. 파워풀한 질문

경청은 단순히 듣는 것 이상의 의미를 갖는다. 코치는 피코치에
게 파워풀한 질문을 통해 더 자세히 이야기하도록 하며, 더 깊은
이해를 돕고, 피코치가 자신의 목표에 대해 깊이 생각하게 하여
목표에 도달하기 위해 필요한 해결책을 모색하도록 격려하며
응원한다.

3. 이해와 공감

경청은 피코치의 관점, 감정과 경험을 이해하고 공감하는 과정
을 포함한다. 코치는 피코치의 감정을 인식하고, 그들이 무엇을
느끼고 있는지 내면의 숨은 의도까지 이해하려고 노력한다. 피
코치는 자신의 감정과 경험을 표현할 때 이해받고 있다는 걸 느
끼면 코치에 대한 믿음을 가지게 되므로 피코치가 느끼는 감정
이나 경험을 공감하면 대화가 더 의미 있게 진행된다.

4. 목표 설정과 계획 수립

코치는 피코치가 자신의 목표와 비전을 더 명확하게 설정하고,
그 목표를 달성하기 위한 계획을 수립하는 데 도움을 준다. 이
과정에서 경청은 피코치가 목표를 더 신중하게 고려하고 구체
화하도록 돕는다.

5. 피드백 제공

코치는 경청을 통해 피코치의 발전과 성장을 지속적으로 관찰하고, 피드백을 제공하여 방향을 조정하고 발전의 기회를 제공한다. 이는 대화의 진행을 원활하게 하고 상대방에게 관심을 보이는 방식이다. 이해하지 못한 부분이나 궁금한 점을 질문으로 나타내며, 피코치의 이야기에 대한 피드백을 제공하기도 한다.

6. 열린 마음으로 듣기

성장을 위한 코칭에서 경청은 열린 마음으로 듣기를 의미하며, 관심을 표현하는 방법이다. 시각적, 청각적, 비언어적 신호 모두를 포함하여 피코치의 이야기에 집중한다. 상대방의 목소리 톤, 표정, 몸짓, 눈동자의 움직임 등을 주의 깊게 관찰하고 해석한다. 코치는 피코치의 목표와 비전 및 경험과 의견을 받아들이며, 자신의 선입견을 내려놓고(egoless), 피코치의 의견과 관점을 존중한다.

코칭선교사

코칭은 목표 달성과 개인이나 조직의 발전 및 성장을 위한 강력한 도구다. 코칭을 통해 많은 사람들이 더 나은 삶을 만들고 더 큰 성취를 이루고 있다. 단순한 문제 해결이 아닌 성장으로 나아가는 코칭을 통해 지속 가능한 성장으로 나아가게 한다.

하나님의 대리자로 부여받았던 통치권을 죄로 인해 잃어버렸지만 풍성히 주시는 생명의 주님으로 말미암아 다시 회복되었다. 주님이 없는 혼돈하고 공허한 흑암에서 나와서 나와 가족, 이웃, 내 나라가 회복을 누릴 수 있도록 크리스천 코칭을 통해 당신이 속한 지역을 변화시켜라. 세상을 변화시키는 변혁의 주체로, 통로로 살아가며 진정한 회복과 성장이 일어나는 삶터가 되길 응원한다.

당신은 존재 자체가 하나님의 특별한 은혜이며 창조적 존재다. 크리스천 코치인 당신을 통해 수많은 사람들이 하나님과의 관계가 회복되며 생명을 얻을 것이다. 그때 그들이 당신을 '코칭선교사'라 부를 것이다.

🔥 **선교적 코칭질문**

1. 해결 중심이 아닌 성장 중심을 위한 코칭에서 경청이 중요한 이유는 무엇인가?

2. 비언어적 신호(표정, 몸짓, 목소리 톤 등)를 어떻게 해석하고 활용하는가? 이러한 비언어적 신호는 상대방의 감정과 의도를 어떻게 보완하는가?

3. 코칭에서 경청했을 때 어떤 도구나 기술을 사용하여 피코치의 목표와 계획을 지원했는가?

4. 상대방의 말에 집중하면서도, 내 마음이 다른 곳으로 쉽게 흘러가는 경향이 있는가? 그렇다면 어떤 것이 내 주의를 산만하게 만드는 요인인가?

5. 경청 과정에서 코치로서 자신의 생각을 어떻게 관리하고 있는가? 그리고 상대방의 이야기와 관련이 없는 내 생각을 어떻게 내려놓고 있는가?

5

치유에서 멈추지 마라

한혜정 코치

사람은 영·혼·육으로 이루어져 있다. 우리의 몸과 마음이 하나로 되어 있어서 몸도 건강해야 하지만 마음도 건강해야 한다. 스트레스가 병을 유발한다는 이야기는 알고 있지만 마음 저변에 있는 정서가 얼마나 영향을 미치는지는 소홀하게 생각하는 경향이 있다. 예수 그리스도 안에서 그리스도인은 전인치유가 일어날 뿐 아니라 다른 사람도 도울 수 있는 존재다. 기도를 통해서 성령님이 역사하신다. 코치들은 더 성령님의 뜻을 깨달아갈 수 있도록 코칭을 한다.

정서와 치유

우리 마음을 나타내는 감성(Emotion)은 원래 라틴어로 '움직이다'를 의미하는 'motere'에 '물러나다'라는 의미를 지닌 의미 접두사 e-가 붙어 있는 것으로, 행동으로 이어지는 것을 포함하고 있다. 옥스퍼드 사전에는 '감성'은 "마음과 감정이 동요나 격렬하게 되어 흥분된 정신상태"라고 정의하고 있다.

인간은 성격, 기지, 성장환경에서 반응했던 감정의 구조적 형성을 바탕으로 희로애락이라는 다양한 감정표현을 통해 욕구와 의사전달을 하고 이는 가치 선택과 행동으로 나타난다.

감정이 행동을 유발하기 때문에 감성지능(EQ)이 높은 사람들은 다른 사람들과 더 건강한 관계를 맺을 수 있다. 감성지능은 감정을 인식하고 감정의 조절과 통제를 할 수 있고 잠재능력을 개발하고 타인과의 감정이입을 할 수 있다. 이는 사회적 관계를 형성하는 데 중요한 역할을 하게 된다. 이웃을 사랑하라는 계명을 갖고 있는 그리스도인은 더 감성지능이 높을 것 같지만 의외로 낮은 결과를 보이기도 한다. 하나님과 친밀한 가운데 삶으로 예배하는 사람이 감성지능도 높아지고 다른 사람과의 관계에서도 균형을 잡게 된다.

코치는 감성적이면서도 객관적으로 삶을 볼 수 있는 사람이다. 삶에서 조화를 중시하기에 정서적으로도 안정되고, 피코치에게도 안정적으로 자신을 돌아보게 하는 힘을 가지고 있다. 코칭은 그래서 정서적 안정과 치유에 효과적인 듯하다.

코칭으로 피코치의 마음에 있는 상처를 어루만져 피코치가 회복했을 뿐 아니라 그의 주변이 함께 좋아졌다는 이야기를 듣곤 한다. 피코치가 코칭 대화를 통해 몸과 마음이 건강해지며 스스로 미래의 자신의 삶을 성장의 자리로 옮겨가는 과정인 것이다.

코칭 그 자체가 힐링

사람들은 마음의 평안을 얻고자 한다. 그것은 하나님 안에서 일어나는 일이다. 그 안에서 치유가 일어나고 믿음이 자랄 뿐 아니라 성장도 이루어진다. '코칭은 힐링코스'라고 이야기한다. 피코치의 이야기를 있는 그대로 인정하고 존재를 격려하면서 미래의 원하는 삶, 하나님의 부르심에 나아가는 삶이 되게 하기 때문일 것이다.

코칭은 피코치들의 치유가 일어나기 위해서는 먼저 하나님께서 허락하신 잠재력을 가지고 있음과 코칭을 통해서 안전하게 자원을 찾아 쓸 수 있음을 코칭 프로세스를 통해 알게 한다. 그들 자신들이 이미 축복받은 위대한 존재임을 인식하는 단계가 필요하다. 코칭을 통해서 '부르심과 성령의 인도하심'을 피코치들에게 알게 하는 시간이 된다.

코칭은 자신이 누구인지 그리고 자신이 무한한 가능성을 가진 고귀하며 존귀한 존재라는 사실을 깨닫게 되는 것이 가장 중요한 과정 중의 하나다. 그 과정에서 방해요소를 찾고, 생각과 감정의 수준을 높이고, 진정한 정체성을 향한 일관된 행동을 취하는 힘을 통해 피코치의 치유와 성장이 일어나게 된다. 코치와 피코치가 함께 '왕 같은 제사장' 모습을 찾으려고 노력한다.

코칭은 대화 프로세스

요즘 심리치료가 많이 이야기되고 있다. 그만큼 불안한 시기를 보내고 있는 것이다. 심리치료는 때때로 '대화를 통한 마음 치유'라고 볼 수 있다. 어떤 사람이 정서적 또는 심리적 문제로 어려움을 겪고 있을 때, 자격을 갖춘 전문가에게 가서 이 문제에 대해 '대화'하고 대처할 도움을 받는 것을 대화 요법으로 간주한다.

외부 세계가 불안전한 곳이 된 트라우마를 치유하려면 내담자와 치료사 사이의 신뢰가 필수적이다. 치료 관계에 대한 신뢰가 확립되면 내담자와 치료사는 내담자가 원하는 삶을 살지 못하게 하는 문제를 해결하기 위해 어떤 도구가 필요한지 확인하는 작업에 착수할 수 있다.

치료 양식에는 인지행동치료(CBT), 변증법적 행동치료(DBT), 수용전념치료(ACT) 등이 있다. CBT는 치유를 방해하는 인지 왜곡과 부정적인 메시지를 바꾸는 데 도움이 되고, DBT는 마음 챙김과 감정 조절이라는 중요한 개념을 가져오며, ACT는 비합리적인 생각을 현실이 아닌 것으로 받아들이고 자신의 가치를 검토하도록 도와준다. 내러티브 치료는 우리의 감정을 외부화하는 데 도움이 되고 우리 삶에서 새로운 이야기를 창조하도록 도전케 한다.

실용학문인 코칭은 이러한 치료법에도 접근할 뿐 아니라 도움을 받을 수 있는 여러 기법도 사용한다. 코칭의 접근 방식에서는 피코치를 치료의 대상이 아닌 섬김의 대상으로 바라본다. 긍정적인 방식으로 피코치가 놓여 있는 상황에서 그를 격려하고 지지함으로써 훨씬 더 놀라운 결과를 가져오게 만드는 힘이 있다. 힐링과 코칭은 분리될 수 없을 뿐 아니라 피코치 안에 존재하고 있는 성령의 능력을 인정하고 그 안에서 역사하시는 성령의 치유도 받아들인다.

인생 코칭 맵

　사람들은 인생에서 행복을 찾는다. 인생 여정을 함께 나누는 라이프 코치는 다른 사람의 가치관, 생각, 관점에 의해 판단하지 않고 상대방의 진정한 존재를 반영하도록 도와줌으로써 독특한 가치를 제공하고 있다. 이때 코치의 핵심 역할은 종종 피코치가 목표를 달성하는 데 필요한 동기와 노력을 유지하도록 함께하는 것이다. 라이프 코치는 치료사가 아니기 때문에 과거에 기반한 문제나 트라우마를 전문적으로 다루지는 않는다.

　그 대신 라이프 코치는 이러한 심리적 이슈를 가진 피코치를 현재와 미래를 향한 그의 목표에 중점을 두고 성장의 단계는 물론이고 치유의 단계까지 이끌고 가는 전문가다. 라이프 코치는 피코치의 삶에서 현재 무슨 일이 일어나고 있는지 분석하고 추진력을 더함으로써 도전 과제가 무엇인지 발견케 하고 인생을 지금의 힘든 상황에서 계속 머물게 하는 것이 아니라 피코치가 원하는 삶으로 만들기 위한 행동 과정을 선택케 한다. 이러한 과정에서 코칭 관계는 지속적으로 모든 주도권을 피코치에게 맞추고 볼 수 있는 여러 관점을 보게 한다. 이 점이 코칭을 더욱 파워풀하게 하는 특징이다.

　그렇다면 피코치를 치유를 넘어 성장의 단계까지 갈 수 있게 하는 코칭의 힘은 무엇일까? 나는 한 차원을 넘어서게 하는 코칭의 힘을 '파워풀한 질문'에서 발견할 수 있다고 말하고 싶다. 코칭에서는 다양한 유형의 질문을 던질 수가 있다. 그중에서도 피코치의 치유와 인식의 확장 및 존재까지 도달하기 위한 세 가지 질문법이 있는데 그것들이 바로 '벗어나기형 질문법'과 '미래형 질문법' 그리고 '기적형 질문법'이다. 각각의 특징을 살펴보면 다음과 같다.

우선 벗어나기형 질문법은 피코치가 빠져나올 방법이 없다고 느끼는 상황에서 사용할 수 있다. 피코치의 사고의 확장을 넓히기 위한 질문법으로서 피코치를 깊은 사고의 숲으로 초청함으로써 그의 잠재력과 가능성 탐구의 바다에서 마음껏 헤엄칠 수 있도록 만드는 것이다.

하나님의 사람은 구원받은 순간부터 성화되어간다. 예수 그리스도의 재림의 때에 영화의 자리로 나아가는 것이다. 그 과정에 코칭이 좋은 도구가 되어서 성령님의 내주하심을 더 확장하고 하나님과 친밀한 교제의 삶을 영위하게 될 것이다.

벗어나기형 질문법

1. 이 상황에 달리 어떻게 대응할 수 있는가?
2. 그 장애물을 제거한다면 상황은 어떻게 달라질까?
3. 마술 지팡이가 있는 이 상황에서 무엇이든 바꿀 수 있다면 그것은 무엇인가?
4. 앞으로 나아가기 위해 무엇을 놓치고 있다고 생각하는가?
5. 지금 당장 앞으로 나아갈 수 있는 가장 작은 조치는 무엇인가?

두 번째는 미래를 구상하기 위한 미래형 질문법이다. 지금의 상황에 만족하여 머무는 것이 아니라 다음 단계로 미래를 향해 발걸음을 내딛는 데 그 초점을 맞추는 것이다. 이럴 때 피코치는 자연스럽게 그곳을 향해 달려가고 있는 자신의 모습을 보게 될 것이다.

미래형 질문법

1. 당신이 이 일을 하는 데 있어서 기대하는 미래는 무엇인가?
2. 5년 후 당신의 이상적인 삶은 어떤 모습인가?
3. 개인적으로 내년에는 어떻게 성장하고 발전하고 싶은가?
4. 꿈의 직업을 현실로 만들기 위해 어떤 조치를 취할 수 있는가?
5. 목표를 달성하면서 어떻게 건강한 일과 삶의 균형을 유지할수 있을까?

마지막으로 기적형 질문법은 질문 그 자체가 중요한 것이 아니라 피코치가 가장 원하는 상황을 자연스럽게 바라볼 수 있도록 가정의 환경을 만드는 것이다. 이런 질문을 할 때에는 목소리와 속도 조절이 가장 중요한 요소 중의 하나일 것이다. 질문의 내용에 따라서 가능하다면 속도는 늦추고 목소리의 톤도 낮게 구사하면서 피코치로 하여금 신뢰와 상상의 나래를 펼 수 있도록 격려하면 된다.

기적형 질문법

1. 당신이 모든 목표와 꿈을 달성했다고 상상해보라.
2. 모든 장애물이 제거된다면 인생에서 성취하고 싶은 한 가지는 무엇인가?
3. 목표를 달성한 후 인생에서 일어난 가장 중요하고 긍정적인 변화는 무엇인가?
4. 무한한 자원이 있다면, 원하는 삶을 만들기 위해 무엇을 다르게 할 것인가?

5. 당신은 어떤 유산을 남기기를 원하며, 오늘 그것을 어떻게
    구축할 수 있는가?

크리스천 코칭에서는 자연스럽게 파워풀한 코칭 질문을 통해서 피
코치의 의식 확장은 물론이고 이러한 과정을 통해 자연스럽게 피코치의
정서적 치유의 단계를 거치게 되는 것이다. 이러한 치유는 성경에서 육체
적인 치유에 국한되지 않고 영적·정서적 치유, 즉, 전인치유까지 확장된
다. 구약에서 평화, 온전함, 완전함을 의미하는 '샬롬'의 개념은 종종 치유
와 관련이 있다. 이 '샬롬'은 단순히 갈등이나 질병이 없는 것이 아니라 하
나님이 그의 백성에게 임재하는 것이다. 그곳에 완전한 치유와 회복이 일
어난다. 구원이 이루어지는 것이다.

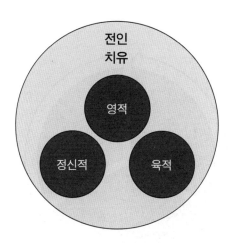

치유를 넘어

이렇게 코칭은 문제에서 해결로, 치유에서 성장으로 그리고 마침내는 하나님과의 관계 회복까지 연관되어 있다. 크리스천 코칭에서 죄와 상함은 우리를 하나님으로부터 분리시켰지만, 치유는 우리를 하나님과의 올바른 관계로 회복시킴을 성경의 많은 부분에서 볼 수 있다. 이처럼 크리스천 코칭의 백미는 하나님의 치유 능력의 깊이와 넓이를 보여주는 신체적·정서적·영적 치유의 예들로 가득 차 있는 보물 창고인 성경을 마음껏 활용한다는 점이다. 이러한 코칭의 보물이 가득한 크리스천 코칭은 한걸음 더 나아가 하나님과의 친밀한 교제 가운데서 사람을 살리는 생명의 길이 열리는 것이다. 코칭은 결국 사랑이다. 하나님을 사랑하고 자신과 같이 이웃을 사랑할 때 진정한 서로의 성장이 일어난다.

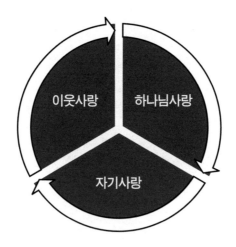

선교적 코칭질문

1. 당신에게 전인치유란 무엇이라고 말할 수 있는가?
2. 하나님과의 친밀한 교제로 나아가는 방법 중 하나는 무엇인가?
3. 코칭으로 치유가 일어났을 때 당신에게는 어떤 변화가 있었는가?
4. 그리스도인으로서 코칭에서 사용하고 싶은 기법이 있다면 무엇인가?
5. 코치로서 치유를 넘어 변화가 있다면 무엇인가?

Memo

6
회복의 지점까지 인도하라

이은주 코치

불안의 시대

'평안하십니까?', '안녕하십니까?'라는 인사에 사람들은 언제나 그랬 듯이 '네'라고 말한다. 이 인사말을 깊이 생각한다면 몇 사람이나 '네'라고 대답할 수 있을까? 2022년 통계를 보면 OECD 가입 국가들 중에서 우리 나라가 자살률 1위를 차지하고 있다. 때로 유명인들이 대중매체에 출연 해서 자신이 우울증이나 대인기피증, 불안장애, 공황장애 등 정신적인 어 려움을 겪었거나 현재 치료 중이라고 말하는 경우들을 보게 된다.

현대에 이르러서는 관계로 인한 문제가 삶에 크나큰 상처가 되어서 사회적 문제의 여러 양상으로 존재한다. 그러하기에 많은 사람들이 정신 의학과의 문을 두드리고 있고 전문의가 처방해주는 약물에 의존해 살아 가고 있다. 심리상담 전문가를 찾아가도 쉽게 해결이 안 되는 문제와 관 계들로 수년 동안 힘들어하는 사람들도 만나게 된다.

이러한 문제는 교회 밖 세상에서만 존재하는 것이 아니다. 교회 안에서도 많은 교인들이 마음의 문제로 아파하고 힘들어하고 있다. 교회 안에 있는 사람들은 이러한 문제 앞에 어떻게 반응할까? 자기 문제일 때는 보통 두 가지 양상으로 나타난다. 첫 번째는 평안하지 못한 문제들을 마음속에 안고 있으면서 겉으로는 아무 문제가 없는 듯이 가면을 쓰고 교회 안에서 활동한다. 두 번째는 교회에서 극복해보고자 하지만 신앙으로 마음의 문제가 극복되지 않는다고 느껴서 교회를 떠나기도 한다.

하나님께서는 사람을 창조하시고 '보시기에 심히 좋았더라'고 말씀하셨다. 초기의 에덴동산은 건강한 곳이었다. 하지만 하나님 말씀에 순종하지 않았던 죄로 인해 사람에게는 고통이 찾아왔다. 죄로 인해 사람들은 비합리적이고 왜곡된 생각들에 영향을 받게 되었다. 그러한 영향은 물론 지금까지도 계속 이어지고 있다.

그렇다면 비합리적이고 왜곡된 사고에서 헤어나지 못하는 이들을 어떻게 도울 수 있을까? 그것은 아마도 크리스천 세계관을 가지고 세상을 바라볼 수 있는 힘을 그들에게 부어 넣어주어야 할 것 같다. 즉 그들 안에 자리 잡고 있는 낡은 패러다임에 온전한 변화가 주어져야 할 것이다.

삶 속에서의 코칭

삶의 맥락에서 바라볼 때 코칭은 실제로 개인이나 조직을 현재 있는 곳에서 그들이 가고 싶어하는 곳으로 갈 수 있도록 협력하는 것이다. 그 과정은 공감적 경청과 전략적인 질문을 통해 피코치가 자신의 목표와 가치 그리고 실행 계획 등을 풀어내도록 함으로써 미래를 향해 전진하는 변화를 위한 과정이라 할 수 있다.

특히 크리스천 코칭은 성경적인 관점에서 이루어진다. 이는 코치가 성경적 원리를 통합하거나, 성경에서 영감을 얻거나 혹은 세션 중에 고객과 함께 기도하는 시간을 가질 수 있음을 의미한다. 크리스천 코칭에서 코치는 개인이 자신의 삶을 향한 하나님의 비전을 찾고 그 비전을 방해하는 장애물을 극복하도록 협력하는 위치에 있는 것이다. 이러한 면에서 크리스천 코칭은 현재 있는 위치에서 하나님께서 원하시는 위치로 이동시키는 것이라 할 수 있다.

다시 말해서, 개인이나 조직이 자신이 속한 곳에서 정확한 위치를 되찾고 목적을 달성하기 위해서는 원래의 패러다임인 왕국 패러다임을 회복해야 함을 말하는 것이다. 그분의 왕국이 오게 하고 그분의 뜻이 하늘에서와 같이 땅에서도 이루어지게 하는 왕국 패러다임 그 안에 내재되어 있을 때 피코치가 진정으로 회복될 수 있는 것이다.

크리스천 코칭

코칭을 하다 보면 크리스천들은 하나님께서 모든 사람을 향한 계획과 목적을 갖고 계시다고 믿기 때문에 하나님께서 코칭을 통해 피코치의 삶 속에서 일하고 계신다는 분명한 기대가 있다. 이는 하나님께서 피코치 안에 그가 발견하고 성취할 삶의 비전을 심어주셨다는 것을 믿기에 크리스천 코치들은 어느 누구도 세상적인 관점으로 그들을 바라보지 않는다.

그럼에도 불구하고 교회공동체에서 많은 사람들이 감정적으로 크고 작은 상처를 받거나 주는 것을 볼 수가 있다. 그러하기에 하나님께서는 오늘 코치인 당신에게 새 망토를 주시는 것이다. 단지 당신이 주님의 위임을 받아들이기로 선택한다면, 코치인 당신은 그분의 회복의 대리인 중한 사람이 될 수 있는 것이다. 회복의 대리인의 겉옷은 이사야 61장 4절에서 찾아볼 수 있는데, 그 내용은 다음과 같다.

> "그들은 오래 황폐한 것을 재건하며 이전에 황폐되었던 것을 일으킬
> 것이며 황폐한 성읍 곧 대대에 황폐되었던 것을 중수할 것이니라"

하나님의 회복의 대리인은 하나님을 믿는다고 하지만 복잡하고 다양한 관계와 죄로 기인해 발생한 상처로 인해 마음이 무너지고 황폐한 사람, 또한 인생의 목적을 어디로 두고 가야 할지 방향을 잡지 못하며 공허한 것을 좇아 사는 사람에게 회복의 대리인으로 부름을 받은 사람은 그들이 회복할 수 있도록 함께해주어야 한다. 하나님의 교회 공동체가 머리되신 예수 그리스도와 더불어 건강한 하나님 나라를 세우기 위해 회복의 주체가 되어 이 땅에서 하나님의 회복 계획을 수행할 필요가 있다.

치유에서 회복으로

심리치료에서는 주로 어린 시절의 결핍과 상처가 현재에 영향을 미치는 것에 대해 감정, 정서, 행동패턴, 자기 파괴적 행동을 인지하게 하고 이전과 다르게 행동하도록 제시하며 실천 과제를 주고 실행하도록 한다. 상담과 심리치료는 가장 먼저 과거로 간다. 그때 나에게 상처를 주었던 사람과 상처받은 나를 만나도록 한다. 이 시간은 참으로 아프고 고통스러

운 시간이다. 그 아픈 시간 속에서 마음을 쏟아놓게 하며 이야기를 들어주고 그 감정에 대해 공감해주고 나와 대상, 환경을 이해함으로 상처에서 벗어나도록 하는 것이다.

사람이 행복하기 위해서는 단지 과거의 상처에서 치유된 현재로 돌아오는 것에서 멈추어서는 안 된다. 이에 성경 속의 주님은 만나는 피코치들을 치유에만 머물게 하지는 않으셨다. 주님은 눈 먼 바디매오를 치유하시고서 그가 진실로 하나님과의 관계를 회복하기를 바라셨다. 혈루병을 앓던 그 여인은 어떠했는가? 그녀의 믿음으로 육적으로는 물론이고 영적의 회복까지 일어나지 않았던가? 이것이 주님의 방법이고 그리고 우리들에게 요구하시는 것이다.

그러므로 크리스천 코치들은 코칭 과정에서 만나는 피코치들이 영적으로 회복되는 과정까지 함께 머물러 있어야 할 것이다. 즉 치유에 머물지 말고 한걸음 더 나아가 온전한 회복이 일어나야 한다. 회복은 예수 그리스도의 십자가 구속을 믿음으로 이루어진다. 예수 그리스도의 피 흘림의 제사는 죄로 인해 끊어졌던 하나님과의 올바른 관계 회복으로 가는 길이다. 이 관계의 회복에는 끝없는 사랑과 인내가 요구된다. 이는 코치들에게 피코치를 향한 사랑 그리고 그의 치유를 넘어서 회복까지 안내해야 하는 놀라운 사명을 주신 것이다.

회복을 경험한 사람들

여기 한 사람이 있다. 그는 사람들이 자신을 알아보는 것이 싫었다. 그래서 사람들이 많지 않은 곳으로 떠났다. 예전에 열심히 하던 일이 있었는데 지금은 하고 있어도 의미도 의욕도 없었다. 그가 바로 예수님께서 잡히셔서 십자가에 못 박혀 죽으실 것을 말씀하실 때 자신만만하게 주님 옆에 머물겠다고 말했던 베드로였다.

그런데 예수님께서 잡히시던 밤, 예수님과 함께 있던 모든 제자들은 어디로 갔는지 아무도 보이지 않았다. 그 일로 베드로는 죄책감에 빠지게 되었다. 베드로는 거기에 있을 수 없어서 떠났다. 바다에 배를 띄우고 예전처럼 일을 했지만 전혀 집중하지 못했다. 새벽녘 배가 다시 들어오는 시간, 바닷가에 한 사람이 불을 피우고 생선을 굽는 모습이 보였다. 배 위의 사람들이 그가 예수님이시라는 것을 알아보고 한 사람이 소리쳤다. "주님이시다!" 그 말에 베드로는 아직 배가 물 위에 있었지만 배에서 내려 예수님께 달려갔다.

부활하신 예수님을 만나서 마음에 기쁨이 있었지만 예수님을 모른다고 세 번이나 부인했던 자신의 죄책감에서는 자유롭지 못했던 것이다. 예수님께서 베드로에게 물으셨다. "네가 나를 사랑하느냐?" 이에 베드로는 세 번의 질문에 세 번 부인했던 예수님께 진심으로 사랑한다고 말했고 예수님은 사명을 주셨다. 예수님으로 인해 베드로의 상처는 치유되었고 나아가 예수님과의 관계도 회복되었다. 베드로는 이후 복음을 전하는 행복자로 살았다.

예수 그리스도와 온전한 회복을 하게 된 사람의 삶은 예측하기 어려울 정도로 성장하고 성숙하면서 달라진다. 그동안 누리지 못한 행복을 누리는 기쁨을 맛보게 된다. 예수님과의 만남으로 인생이 송두리째 변한 또한 사람의 이야기를 들어보자.

자신의 신념을 강하게 붙들고 살아갔던 한 사람이 있었다. 그는 누구보다도 자신의 신념을 지키는 데 열심이었다. 자신이 기다리고 있는 메시

아는 예수 그리스도가 아니었다. 그는 예수 그리스도를 전하는 사람들을 잡아서 옥에 가두고 스데반을 죽이는 일에 앞장섰다. 그의 열심은 다메섹까지 흩어진 그리스도인을 찾아 나섰다. 이 사람이 가는 길에 빛 가운데 예수님이 찾아오셨다. "사울아, 왜 나를 핍박하느냐?"는 예수님의 질문에 사울은 신념이 깨지기 시작했다. "주님, 저는 주님을 핍박한 적이 없습니다." "내 사랑하는 자를 핍박하는 것이 나를 핍박하는 것이다"라는 말씀에 사울은 혼란스러웠다.

자신의 신념과 열심이 주님이 원하시는 것과 다른 길을 걷고 있다는 인식의 변화가 찾아왔다. 강한 빛으로 앞을 볼 수 없었던 사울은 사람들의 손에 이끌려서 동네로 들어갔고 앞을 볼 수 없었던 사울은 며칠 동안 하나님과 독대하는 시간을 가졌다. 오롯이 주님과 사울만이 그곳에 있었다. 그 시간 안에 코칭이 이루어졌다.

주님은 사울에게 사명을 주셨다. 아나니야를 통해 다시 보게 된 사울은 복음을 전하는 사람이 되었고 바울로 살았다. 복음을 전하는 바울을 유대인들은 배신자로 보았고, 그리스도인들은 바울의 회심을 믿지 못했다. 바울은 의심의 눈으로 보는 사람들의 시선과 핍박, 자신을 배신자로 여겨 죽이려는 그들의 계획도 예수 그리스도 안에서 누리는 온전한 회복을 누리는 바울을 막지 못했다. 바울은 이방인들에게 복음을 전하며 평생을 살았다. 이 힘은 예수님과의 관계 회복에서 오는 힘이었다.

우리가 만나는 많은 사람들에게도 베드로와 바울과 같은 문제를 가지고 있다. 하지만 파워풀한 코칭은 마음 깊은 곳에 자리 잡고 있는 상처를 마주하는 시간을 지나 변화하기 원하는 기대가 생기고 인식의 전환을 일으킨다. 인식의 전환은 예수님을 만남으로 회복되기 때문에 더욱 파워풀하게 일어난다. 예수님과 만남으로 치유와 회복을 경험한 피코치는 행동과 삶의 변화를 통해 그리스도의 장성한 분량까지 날마다 성장해가며 일상과 가정, 사역 가운데 풍성한 성령의 열매들을 맺어갈 수 있다.

격려의 피드백

예수님의 대화 기법은 엄청난 효과를 늘 가지고 왔다. 단순하게 사람들의 인식의 변화만 주신 것이 아니라 그들이 삶 가운데서 확실하게 행동의 변화까지 가져올 수 있도록 이끄셨다. 코칭에 있어서 행동의 변화를 유도하는 기법이 있다면 그것은 바로 피드백이다. 주님은 긍정의 피드백(75%)과 건설적인 피드백(25%)을 적절하게 사용하셨다. 때로는 적극적인 피드백으로 아낌없는 사랑과 더불어 강력한 권고 혹은 충고를 전하셨다.

코칭이 무엇인가? 피코치가 목표를 이룰 수 있도록 피코치의 잠재력을 끌어내 그가 참된 변화를 경험할 수 있도록 하는 것이다. 코칭을 할 때 코치는 피코치에게 호기심 있는 질문과 온몸과 마음으로 듣는 경청을 통해 피코치와 함께 목표를 설정하고 현재 상태를 점검하고 목표를 이룰 수 있는 여러 대안들을 탐색하고 대안을 실행할 수 있도록 한다.

하지만 나는 코칭의 스킬에서 주인공은 '피코치'라고 생각한다. 피코치가 원하는 곳으로 가기 위해 현재 자신의 상황과 마음을 파악하고 자신 안에 있는 잠재력들을 찾아보며 실행으로 옮긴다. 이 과정에서 코치의 경청과 질문 못지않게 중요한 부분이 피드백이다. 피코치의 실행력을 높이기 위한 핵심 요소는 바로 '격려'와 '인정'이다. 격려와 인정은 상황에 따라서 적절하게 적용되어야 한다. 긍정적인 상황과 부정적인 상황의 경우에 따라 상황적인 피드백을 어떻게 사용해야 하는지 정리해보았다.

상황적 피드백(Situation Feedback)

긍정적 상황	1. 참으로 수고하셨습니다. 2. 어떤 점이 성공할 수 있는 중요한 원동력이었습니까? 3. 무엇이 그것을 가능하게 했나요? 4. 더 좋은 결과를 얻게 된 방법이 있었는지요? 5. 어떻게 제가 도울 수 있을까요?
부정적 상황	1. 좋지 않은 결과를 해결할 수 있는 방법은 무엇일까요? 2. 이 결과가 조직에 끼칠 영향은 무엇인가요? 3. 빠르게 마이너스 성장을 막을 방법은 있나요? 4. 어떻게 하면 더 잘할 수 있을까요? 5. 다음에 실패하지 않을 방법이 있다면 무엇일까요?

피드백을 하는 목적은 피코치가 현실에 있어서는 객관성을, 심리적인 면에서는 안정감을 갖게 하고, 목표의 성취를 위한 대안 모색 및 도전정신을 고취하는 것이다. 피드백을 통해서 피코치는 목표 성취에 대해 더 적극적인 자세를 가질 수 있다. 코칭은 대화 프로세스다. 좋은 질문으로 인식의 전환을 가져올 수 있다. 효과적인 피드백을 위한 질문은 Where, How, Where 사용법에서 알 수 있다.

효과적인 피드백을 위한 'WHW'의 질문
- Where: 지금 진전되고 있는 과정은 어디쯤 와 있습니까?
- How: 현재의 상황이 어떻게 진행되고 있습니까?
- Where: 다음에는 어느 방향으로 진행하고자 합니까?

피코치의 변화와 성장을 이루기 위해 사용되는 격려의 피드백은 피코치가 사고와 인식의 전환이 일어나고, 행동의 변화를 위해 대안을 탐색하며 목표를 위해 실행 계획을 세울 때 시기적절한 격려와 인정으로 피코치의 말에 동의한다(Agree). 그리고 피코치가 객관적인 상황 파악과 건설적인 방향 설정을 하도록 대화 가운데서 적절하게 점검한다(Check). 또한 코칭에서는 코치와 피코치 간의 신뢰가 매우 중요한 요소다. 신뢰를 바탕으로 하는 피코치에 대해 온전히 지지한다(Trust). 이러한 피드백의 요소들을 적절하게 사용하면 코치와 피코치가 함께 목표를 이루기 위해 나아가는 걸음에 힘을 더해주며 코칭이 친밀함으로 더욱 윤택해지고 코치와 피코치가 함께 멋지게 춤을 추게 될 것이다.

🔥 선교적 코칭질문

1. 하나님께 사랑을 표현할 수 있는 최상의 것은 무엇인가?
2. 이웃을 사랑하기 위해 가장 먼저 무엇을 하고 싶은가?
3. 내 안에 온전한 회복을 이루기 위해 무엇을 먼저 시도해보고 싶은가?
4. 지금의 나를 보시며 하나님께서 어떤 격려를 해주시기를 원하는가?
5. 나의 인정과 지지를 받고 싶어하는 사람에게 어떤 말을 해주고 싶은가

Memo

3

새로운 문화의 꽃

이제 교회와 선교지에도 코칭이란 문화를 꽃피울 때다. 크리스천 코칭이 교회와 선교지에서 건강하게 작동한다면, 그리스도의 지상명령 완수는 더 빠르게 앞당겨질 것이다. 이를 위해 크리스천 코치들은 성품 코치로 준비되어 있어야 한다. 크리스천 코칭의 대표적인 선구자인 게리 콜린스(Gary R. Collins)와 토니 스톨츠푸스(Tony Stoltzfus)는 크리스천 코치들에게 공통적으로 그리스도의 성품을 닮은 코치가 되라고 말한다.

7

코칭이란 문화를 꽃피우다

정호연 코치

"사람의 마음에 있는 모략은 깊은 물 같으니라

그럴지라도 명철한 사람은 그것을 길어내느니라"(잠 20:5)

신실하신 한 집사님께서 수시로 내게 질문하는 것이 있다. 내가 코치인 것을 안 순간부터 그분은 코칭에 호기심을 보이며 다양한 질문을 한다. 처음 질문은 주로 코칭은 무엇인지, 코칭은 어떤 사람들을 대상으로 하는 것인지 또는 어떤 내용으로 코칭을 신청해야 하는지 등에 관한 것이었다. 그런데 요즘에는 사뭇 진지한 질문들을 던지신다. 예를 들면, "일반인이 코칭 받는 것은 이해가 되는데, 왜 크리스천들은 코칭을 받나요?" 또는 "기도를 하면 하나님이 다 들어주시고, 길을 열어주시고 해결해주시는데, 왜 기도하지 않고 코칭을 받는지 궁금하네요?" 혹은 "크리스천들이 코칭 받는 것을 하나님은 좋아하실까요? 그리고 그것이 성경적일까요?"와 같은 질문들이다.

매일 새벽을 깨우고 말씀 묵상과 기도로 경건한 생활을 하며, 하나님과 동행하는 삶을 통해 크고 작은 기도의 응답을 받은 그 집사님에게 코칭을 받는 크리스천들은 크리스천으로서 마땅히 해야 할 본분을 다하지 않고 쉽고 빠른 길을 찾아가는 신실하지 않은 크리스천으로 보였던 것 같았다.

처음 이 질문을 받았을 때는 그분의 어린아이와 같은 맑고 순수한 믿음과 영성에 감탄하며 그분의 질문에 최대한 충실하게 답변했다. 그럼에도 같은 질문을 수시로 하는 것을 보면서 아마도 크리스천 코칭을 경험하지 않은 많은 크리스천들이 이분과 같은 생각을 하게 될 것이라 생각하게 되었다.

하나님은 사람들을 자기 형상대로 창조하시고, 세상을 다스릴 수 있는 능력을 허락하셨다. 또한, 우리 안에 넣어주신 능력을 끌어낼 수 있는 지혜롭고 분별력 있는 사람이 되기를 바라신다.

> "하나님이 자기 형상 곧 하나님의 형상대로 사람을 창조하시되 …
> 하나님이 그들에게 이르시되 생육하고 번성하여 땅에 충만하라,
> 땅을 정복하라, 바다의 물고기와 하늘의 새와 땅에 움직이는 모든
> 생물들을 다스리라 하시니라" (창 1:27-28)

어떤 이들은 이 능력을 자기 안에 묻어두고 현실에 좌절하고 불평으로 위안 삼으며, 누군가 대신 해결해주기를 바라며 수동적이고 무기력한 모습으로 세월을 보내기도 한다. 또는 자신의 기도 제목을 목회자와 중보 기도팀에 부탁하고는 정작 본인은 이를 위해 준비나 노력도 하지 않고 응답의 때만 기다리는 분들도 있다. 다른 분들은 같은 기도제목을 놓고

1년을 기도했으나 스스로 방법을 찾지 않다가 기한을 넘겨서 결국은 원하지 않은 대안을 선택하기도 한다. 그렇게 된다면 이들은 말씀을 이해하고 믿기는 하지만, 정작 행동으로 옮기지는 않는 것이다. 마태복음 25장 14-39절의 달란트 비유에 나타난 한 달란트 받은 자와 같이 자신을 창조하신 하나님의 뜻을 모른 채 자기의 의와 생각대로 사는 게으른 자가 될 뿐이다.

우리는 하나님의 응답의 때는 알 수 없으나, 하나님께서 준비된 자를 쓰신다는 것은 알고 있다. 우리는 코칭을 통해 하나님이 쓰시기에 합당한 준비된 자가 될 수 있다. 크리스천들이 코칭을 경험한다는 것은 단순히 자신의 의와 욕구 충족, 문제 해결에 그치는 것이 아니라, 피조물로서의 자신의 존재 가치를 찾고 하나님이 원하시는 삶을 위한 비전을 찾아가는 과정이 될 것이다. 하나님이 허락하시는 자유함을 누리고 능동적으로 자신의 삶을 이끌어가지만, 하나님이 자신의 삶을 인도하시고 존재의 중심이 되신다는 것을 깨닫게 될 것이다.

실제로 코칭 중에 만나는 많은 크리스천들은 문제 해결과 목표 성취를 넘어서 하나님과의 참된 관계가 회복되고 하나님의 영과 연결될 때, 비로소 자신의 삶을 정렬하기 시작하며 참평안을 누리는 모습을 보여준다.

코치의 어원

'코치'라는 용어의 어원은 약 1,500년대에 헝가리의 작은 도시 '콕스(Kocs)'에 등장한 네 개의 바퀴가 달린 '마차'에서 유래되었다. 당시 마차는 중요한 사람을 태우고 원하는 목적지까지 데려다주는 운송 수단이었고, 마차의 기능과 역할은 유럽 전역으로 퍼져나갔다. 마차의 표기명은 유럽 각 나라의 언어에 맞게 달리했는데, 헝가리에서는 도시 명을 붙여 '콕시(Kocsi)'라고 불렀고, 영국에서는 '코치(Coach)'라고 불렀다. 영국의 '코치'가 오늘날까지 이어져 코치의 정식 명칭이 되었으며, 지금도 영국에서는 버스나 택시를 코치라고 부르고 있다(박종우 외, 2022).

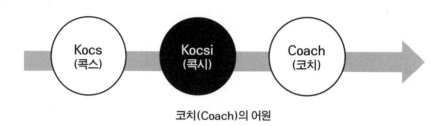

코치(Coach)의 어원

그 이후 코치는 1840년대 영국 옥스퍼드 대학에서 학생들을 수험지도 했던 개인교사(Tutor)를 지칭하는 말로 사용되었다. 1880년대에 이르러 케임브리지의 캠 강에서 보트경기 하는 선수들을 육성하는 지도자를 '코치'라고 부르면서 스포츠 지도자를 지칭하기 시작했다. 코치는 운동선수를 한 지점에서 다른 지점으로 나아가도록 돕는 사람으로 알려지게 되었고, 한동안 스포츠계와 연예계에서 사용되었다(게리 콜린스, 2011).

현대 코칭의 출현과 발전

1930년부터 비즈니스 부문에 코칭이 활용되기 시작하여 1970년대는 경영자 중심 코칭과 비즈니스 코칭이 보다 활발하게 성장하는 시기였다. 1975년 테니스 코치인 티모시 골웨이(Timothy Gallway)는 '테니스 이너게임'에서 코치로서의 경험을 통해 기술적이고 상세한 지도보다는 고객이 자신의 내면적 정신작용에 집중하도록 도울 때 가장 쉽게 테니스를 배운다는 것을 발견했다.

골웨이는 코칭의 본질에 대해 "코칭은 성과를 극대화하기 위해 묶여 있는 개인의 잠재 능력을 풀어주는 것이다. 사람들이 코치의 가르침에만 의존하지 않고 스스로 배우도록 도와주는 것이다"라고 표현했다. 골웨이의 이너게임은 1980년대에 들어서 비즈니스 코칭에 적용되었는데, 그의 제자인 존 휘트모어가 이너게임 접근법을 유럽에 소개하고 1995년 '성과를 위한 코칭'을 저술해서 확대 보급했다.

현대 코칭 산업의 본격적인 발전의 시작은 재무 설계사였던 토머스 레너드(Thomas J. Leonard)로 보는 것이 일반적인 견해다. 1980년대 재무 컨설팅을 하던 레너드는 재무적인 이슈 이외에 삶의 영역 전반에 걸쳐 도움받기를 원하는 고객들의 요구에 맞추어 코칭을 제공하면서, 코칭이 비로소 삶의 영역에 자리 잡게 되었다. 레너드는 1992년에 개인과 조직, 기업의 성장을 돕기 위해 코치양성 전문기관인 코치 U를 설립했다. 같은 해에 공인회계사였던 로라 휘트워스(Laura Whitworth)도 코치훈련원(CTI)을 설립했다. 1995년에는 레너드를 중심으로 국제코치연맹(International Coach Federation, ICF)이 설립되어 코칭이 전 세계로 확산되었고, 2022년 3월 기준 약 159개국, 53,930명의 회원조직을 이룬 세계 최대 규모의 비영리전문코치협회로 발전했다.

이 외에도 많은 코칭 조직들이 활발히 활동하고 있으며, 수많은 대학과 대학원에서 코칭 과목과 학위 과정이 개설되고 있다. 최근 몇 년 동안 코칭기관이 급격히 늘어나면서 구글에서 코칭기관을 검색하면 650만 개의 항목이 뜬다고 한다. 이는 현재의 코칭이 각계각층에서 얼마나 급속히 확산되는지 보여주는 단면이 된다.

대표적인 코칭기관

코칭기관명	기관의 영문명
코치대학(1992)	Coach U
유럽 멘토링 코치협회(1992)	European Mentoring and Coaching Council (EMCC)
코치빌(1992)	Coachville
코치훈련원(1992)	Co-Active Training Institute (CTI)
국제코치연맹(1995)	International Coach Federation (ICF)
전문코치멘토협회(1996)	Professional Coaches and Mentors Association (PCMA)
크리스천 코치 네트워크	Christian Coaches Network
세계비즈니스코치협회(1997)	World Association of Business Coaches (WABC)
코칭협회(영국, 2002)	Association for Coaching (AC)
국제코치협회(2003)	International Association of Coaching (IAC)

현대 코칭 운동은 경영 분야에서 시작되었지만, 오늘날은 코칭 인식의 확산으로 인해 적용 분야와 영역이 빠르게 확대되고 있다. 코칭의 유형도 더욱 다양하고 세분화되고 있다. 코칭 진행 방법도 기존의 면대면 코칭과 전화 코칭 외에도 실시간 화상이나 메타버스, 페이스톡 등 비대면 온라인 코칭이 증가하고 있다.

2022년 ICF 리서치 연구 결과에 의하면 비대면 온라인 코칭이 장기적으로 더 높은 비율로 지속될 것인가의 질문에 전 세계 지역별 참여자의 77~87%가 긍정 응답을 했다. 이에 대해 ICF CEO 막달레나 묵(Magdalena

Nowicka Mook)은 코로나 펜데믹 이후에 비대면 온라인 코칭이 적응을 뛰어넘어 지극히 정상적인 도구로 자리했다고 보고했다.

한국의 코칭 발전과 최근 흐름

한국의 코칭은 2000년 이후 컨설팅과 리더십 관련 기관에서 코칭이 도입된 것으로 알려졌다. 아시아코치센터에 의하면, 2000년대 초에 본 센터가 한국 최초의 코칭전문기관으로 설립되었다고 한다. 2001년에는 미국 리젠트 대학 교수인 조셉 유미디가 개발한 'TLC리더십 코칭' 과정이 개설되어 국제 수준의 전문 코치를 양성하기 시작했다.

2003년, ICF 인증 전문코치과정인 'ILCT 국제코칭과정'이 한국에 도입되면서 본격적으로 PCC 자격자가 배출되었고, 2007년에는 한국의 첫 MCC 자격자가 배출되었다. 2003년 12월에는 한국의 코치와 코칭 운동을 대표하는 주체로서 한국코치협회가 발족되었다. 한국코치협회는 코칭연구개발과 지원, 전문코치 인증 및 프로그램 인증 실시, 코칭 교육 등을 통해 코칭 활성화와 코칭 문화 보급에 주력하면서 현재 1만 3천 명 이상의 누적 인증 코치가 배출되었다.

코칭 초반에는 대기업의 임원과 리더 대상의 인재계발과 성과향상, 문제해결 중심의 비즈니스 분야에서 코칭이 시작되었다. LG전자, SK텔레콤, 외환은행 등은 기업 자체 내에 전문 코치를 영입하거나 직접 양성하는 사례가 생겨났다. LG전자는 2009년 2월, 코칭 도입을 연합신문에 기사화하면서 한국에서 가장 먼저 코칭을 도입하는 선두기업이 되었고, 회사 내의 코칭 문화 정착을 본격화했다.

2010년대에 들어서면서 코칭의 적용 범위가 점차 확장되어 중소기업과 공공기관, 교육 분야 등 사회 전반에서 활용되기 시작했다. 특히, 대학원의 석박사 과정에 코칭학과를 개설하는 대학들이 증가하고 있으며, 2023년에 모 교육청은 관내의 약 300여 개의 초·중·고등학교에 '또래코칭' 과정을 개설하여 학생들이 코칭을 경험하고 또래코치가 되도록 지원하고 있다.

또한, 컨설팅, 상담, 교육 등 다양한 분야의 전문가들이 코칭에 유입되는 추세다. 코칭의 적용 분야도 초기의 비즈니스 코칭과 라이프 코칭, 커리어 코칭에서 라이프, 비즈니스, 임원, 커리어, 애자일, 학습, 스포츠, 부모, 청소년, 가족, 크리스천 코칭 등으로 확장되고 있다. 이렇듯 오늘날의 코칭은 적용 대상과 관련 분야, 확산 속도 등 모든 부분에서 예측하기 어려운 급속한 변화의 흐름을 보이고 있다. 여기에 크리스천 코칭도 예외는 아니다.

크리스천 코칭의 확산

한국은 2000년대 초반 코칭이 유입된 이래로 많은 목회자와 교회 지도자들이 코칭을 배우고 교회 내에 크리스천 코칭 문화를 보급하기 위해 각자의 자리에서 헌신해왔다. 이런 노력의 결과로, 국내에서는 2018년 한국코치협회에 '기독교 코칭센터'가 세워졌고 크리스천을 위한 크리스천 코칭 과정이 개설되었다. 해외에서는 2017년 캐나다에 본부를 둔 글로벌코칭리더십협회(GCLA)가 설립되어 국내는 물론, 해외에서 선교와 목회 사역을 감당하시는 선교사와 목회자들을 지원하면서 크리스천 리더십과 코칭 훈련을 활발히 진행하고 있다.

크리스천 대상의 코칭 확산은 최근 3~4년 사이 급속히 늘어나는 것으로 보인다. 펜데믹 기간 중 온라인을 통한 비대면 화상 강의와 화상 코칭이 확산되면서, 해외에서 사역하는 많은 선교사, 목회자, 사모들이 코치 양성 과정과 코칭에 참여했다. 나의 경우 강의와 코칭 현장에서 만나는 사람들의 70~80%가 크리스천이었다.

코치 양성 과정에 참여한 크리스천들 대부분은 일반인들에게서 찾을 수 없는 강한 열정과 성실함, 간절함을 쏟아냈다. 일반인들과 사뭇 다른 진지한 분위기와 강한 열정은 마치 선교지에서 사역하는 것처럼 강하고 절실하게 다가왔다. 얼마 지나지 않아 코칭에 대한 열정이 그들의 사명과 맞닿아 있음을 발견하게 되었다. 코칭 대화만을 위한 코칭이 아닌 사역지에서 하나님의 자녀를 찾고, 그들을 하나님의 목적에 맞는 자녀로 세우기 위해 필요한 실행 동력을 코칭에서 찾고 있음을 깨닫게 되었다. 이 간절한 열정이, 기폭제가 되어서 크리스천 코칭을 국내는 물론 전 세계로 확산하는 것으로 보인다. 예수님의 지상명령이 이루어지는 선교지에서 크리스천 코칭이 준비된 도구로 잘 활용될 것으로 기대한다.

코칭 문화를 꽃피우다

이제 교회와 선교지에도 코칭이란 문화를 꽃 피울 때다. 크리스천 코칭이 교회와 선교지에서 건강하게 작동한다면, 그리스도의 지상명령 완수는 더 빠르게 앞당겨질 것이다. 이를 위해 크리스천 코치들은 성품 코치로 준비되어 있어야 한다. 크리스천 코칭의 대표적인 선구자인 게리 콜린스(Gary R. Collins)와 토니 스톨츠푸스(Tony Stoltzfus)는 크리스천 코치들에게 공통적으로 그리스도의 성품을 닮은 코치가 되라고 말한다.

게리 콜린스는 크리스천 코치들이 피코치가 하나님의 비전을 찾고 하나님의 목적을 추구하는 삶이 되도록 돕기 위해 그리스도의 발자취를 따르는 코치의 인격에 대해 말한다. 토니 스톨츠푸스 역시, 크리스천 코치들의 기본적인 자질에 대해 코칭 기술과 방법론을 넘어서 삶에서 비롯되는 성품에 대해 말한다. 피코치가 그리스도의 성품을 닮은 크리스천 코치를 만났을 때, 비로소 자신을 향한 하나님의 비전을 발견하게 되고 하나님의 목적에 맞는 삶으로 옮겨가게 된다고 말한다.

그리스도의 성품을 닮은 코치를 통해 크리스천 리더를 지원하고 하나님의 자녀를 온전히 세우는 결실이 맺어지길 기대한다. 코칭 문화를 꽃피우는 사역지마다 그리스도의 지상 명령의 결실도 더 풍성히 맺어지길 바란다.

🔥 **선교적 코칭질문**

1. 크리스천에게 코칭은 어떤 의미가 있는가?
2. 5년 후 크리스천 코칭(선교 코칭)의 미래는 어떠한가?
3. 크리스천 코치로서 당신을 향한 하나님의 비전은 무엇인가?
4. 그리스도의 성품을 닮은 코치가 되기 위해 개발할 것은 무엇인가?
5. 크리스천 코칭 문화를 꽃피우기 위해 무엇을 하고 싶은가?

8
격려와 감사의 문화를 전하라

주아영 코치

뉴스만 보면 참 이해하지 못할 일들이 많이 일어난다. '묻지 마' 폭행과 살인, 존경받아 마땅한 교사들의 잇단 자살, 일반인에서 학생까지 점점 더 넓고 깊게 퍼져가는 약물, 살기는 편해졌지만 사람들은 병들어가고 관계 속 갈등은 깊어만 간다. 그럼에도 우리는 그리스도인으로서 그 삶을 살아내야 하고 또 전해야 하는 사명이 있다. 복잡하고 바쁜 한국에서 불편하고 느린 베트남으로 떠나온 지 2년차에 접어든다.

지역마다 다소 차이는 있지만 이곳은 한국의 약 30여 년 전과 비슷한 모습이다. 노동자들은 주 6일제 근무를 하고 야근도 일상이다. 대중교통 수단은 불편하고, 길거리

에 쓰레기 버리는 모습은 자연스럽다. 공공시설 부족으로 노상 방뇨하는 남자들을 하루에도 여러 번 목격한다. 옆집의 고성방가에도 그냥 즐거운 날인가 보다 하고, 층간소음 따위 당연히 넘어간다. 길을 걷다 껌을 밟아 당황한 적도 있고, 혹여 교통 단속에 걸리면 뒷돈이 오간다. 오래전 대한민국도 비슷했다.

무질서한 것 같기도 하고 정돈되지 않은 사회 환경이지만 장점을 꼽으라면 이곳은 '정'이 느껴진다. 각에 맞춘 듯한 친절함은 없지만 투박해도 순수함이 전해진다. 작은 플라스틱 의자에 옹기종기 모여 앉아 얼음 가득한 주스 한 잔을 사이에 두고 이야기 나누는 모습에는 평온함과 소소한 행복이 엿보인다. 호텔 커피숍도, 뷰가 아주 멋진 카페도 아닌 매연과 먼지가 가득한 길거리임에도 그들은 지금 이 시간(Here & Now) 모든 것을 다 가진 평온한 모습이다.

찬양팀 아침 기도회 때 리더 집사님으로부터 기괴한 이야기를 들었다. 세계 최강국이자 부자 국가인 미국, 그중에서도 미국에서 가장 아름다운 도시로 불리는 샌프란시스코의 현재 모습에 대한 기사 내용이었다.

기사 내용은 샌프란시스코에서 매년 인분이 발견되는 빈도가 점점 더 증가하고 있다는 것이었다. GDP(1인당 국민소득)가 20만 달러 넘는 곳, 수많은 IT기업이 밀집해 있어 인텔리들이 거주하는 곳, 그곳에서의 일이다. 미국의 유명 백화점인 노드스트롬 백화점은 이곳에서 철수했고, 도심 한가운데 있는 유니언 스퀘어 광장은 2020년 이후 40개 매장이 문을 닫았다. 2023년 2분기 기준으로 사무실 공실률은 31.8%고, 2020년 87만 명이었던 인구가 2023년 16만 명이 줄어 71만 명으로 추정하고 있다. 이곳은 마약이 빠르게 퍼져감으로 인해 범죄율이 상승하고 치안이 악화되어 도시가 붕괴되어가고 있었다. 사람들은 수치심을 모르고 길에서 변을 보는 일이 허다하고 길거리엔 주사기와 쓰레기로 넘쳐나며 약탈과 각종 범죄에 노출되어간다. 서로가 서로를 불신하고 경계하고 두려워한다. 이것이 샌프란시스코의 현재 모습이다.

두 나라의 환경과 수준은 하늘과 땅 차이다. 그런데 도시와 사람들의 모습은 사뭇 다른 상황이다. 미국은 분명 하나님의 기름 부음을 받은 곳이다. 짧은 역사임에도 불구하고 세계 최강국으로 그 위상이 높고 세계의 중심을 지켜왔다. 하지만 앞으로 어떻게 달라질지는 아무도 모른다. 가정이 깨지고, 교회가 무너지고, 조직이 와해되는 시작에는 공통점이 있다.

그것은 공동체 안에 감사와 격려가 점점 사라지게 되면서부터다. 마치 처음부터 다 가진 국가이며, 처음부터 완벽한 조직이며, 처음부터 완전한 교회였으며, 처음부터 다 갖춘 사람인 듯해서 지금 누리고 가지고 영위하는 것을 당연하게 느끼는 그 순간! 그때부터 공동체는 무너진다. 가진 것에, 건강함에, 함께함에, 존재함에 감사도 사라지고 서로를 향한 격려도 없다.

가정에서는 자식과 배우자에게 감사와 격려보다 훈계나 잔소리가 우선되고, 회사에서는 직원의 수고함에 대한 격려보다 지적을 먼저 하고 교회에서는 목사님의 목회 활동에 지지와 격려보다 잘못을 찾아 비판을 먼저 한다. 격려가 없는 훈계와 지적과 비판은 결국 갈등이 커지고 공동체는 무너지고 만다.

몇 해 전 부모 대상 코칭 스쿨에서 만난 한 어머니 이야기가 기억난다. 강의 초반에 무엇을 배우고 싶은지에 대해 나누는 시간이 있었는데, 그때 그분의 답변이 모두를 겸허하게 만들었다. 대부분 어떻게 하면 자녀와 소통을 잘할 수 있을지, 훈육은 어떻게 해야 하는지, 아이의 학습 향상에 오늘 교육을 어떻게 적용할지, 아이가 주도적으로 할 수 있는 방법은 무엇일지 등에 대해 궁금해한다. 그러나 그 엄마는 달랐다. "저는 아이와 함께할 수 있음이 너무 감사해서 어떻게 하면 아이를 더욱 행복하게 해줄 수 있을까를 배우고 싶어 왔어요"라는 것이다. 사연인즉 자녀를 잃어버렸다가 다시 찾게 되었다고 한다. 그 지옥 같은 시간을 보내며 매일매일 눈물로 기도했다. "하나님. 우리 ○○를 다시 만나게 된다면 그 무엇도 바라지 않고 존재함으로 감사하겠습니다." 이 기도가 닿았을까? 다행히 딸아이를 다시 만나게 되었다는 사연이다.

특별한 일이 벌어지지 않는 일상을 우리는 당연하게 받아들인다. 그래서 감사를 잊고 산다. 감사가 없으니 격려를 할 수가 없다. 어렵고 힘든 일을 겪게 될 때 그때서야 무탈했던 일상이 얼마나 감사한지 깨닫는다.

감사와 격려를 표현하는 자녀양육 코칭

어느 날 한국에서 시어머니로부터 전화가 왔다. 간단한 안부를 물으시고 이어서 한 형제 집사님에 대해 장황하게 말씀하셨다. 그 형제 집사님은 한국에서 잘 아는 교회 목사님 아들이다. 사실 나는 그 형제 집사를 몇 번밖에 본 적 없다. 하지만 소문으로 가끔 전해 듣곤 했다.

그 형제 집사는 학창 시절부터 부모와 가족의 속을 썩이며 동네에서도 꽤나 유명세를 떨쳤다고 한다. 성인이 되어서는 몇 번의 사업 실패로 감당하기 힘든 빚을 지기도 했고 이런저런 상황으로 결국 아내와 이혼까지 하게 되었다. 그런 삶을 살아온 형제가 회개하고 다시 하나님 품으로 돌아와 변화되어가는 삶을 보니 주님의 일하심을 목격하시는 듯 은혜를 나누고 싶으셨던 모양이다. 경중은 다르지만 이런 상황들을 주변에서 심심치 않게 볼 수 있다.

최근에 만난 남편 친구는 아버지가 장로님이시기 때문에 교회를 나가지 않는다는 뚱딴지 같은 얘기를 했다. 다 큰 어른의 어린아이 같은 발언에 웃기기도 하고 안타깝기도 해서 자세히 물었다. 그의 아버지는 오랜 세월 해운업을 해온 알부자다. 그런데 그런 아버지가 모든 걸 교회에 헌신하고 자신보다 교회의 일이 우선되며 정작 아들에게는 엄하기만 하고 결정적으로는 자신의 사업 자금에는 매정할 정도로 인색하다는 이유에서다.

그 형제는 예수님과 라이벌이 되어 자기한테 와야 할 것들이 주님께 가고 있다고 생각하는 것 같았다. 또 다른 여자 동생은 아버지가 선교사인데 소천하신 이후로 신앙생활을 쉬고 있다고 한다. 20살 때부터 술을 마시기 시작했음에도 부모님께 35살 때 처음으로 들켰다고 하니 그 동생의 삶이 어떠했을지 그려졌다.

물론 대부분 자녀들은 부모의 삶을 순종으로 받아들이지만 자녀의 기질이나 부모의 양육 태도에 따라 다를 수 있다. 또 무한한 사랑과 관심과 인정을 받아야 할 나이에 항상 부모의 우선순위에서 밀려버리는 일상이 불만족스러웠을 수도 있다. 그래서 때로는 주님이 시기와 질투의 대상이 되기도 한다.

"아이의 마음에는 미련한 것이 얽혔으나" (잠 22:15)

자녀들이 어릴 때 한 번쯤 다음과 같은 생각을 해볼 수도 있다.
"선교시에 나온 건 내 의사가 아닌데…."
"왜 맨날 우리 부모는 나보다 저 일이 우선이야?"

"나를 사랑하긴 하는 걸까?"

"나도 한국에서 평범하게 학교 다니고 싶은데…."

"왜 나는 늘 조심해야 하고 내가 하고 싶은 것을 왜 맘껏 못 하지?"

"아빠 엄마 사명이 왜 내 사명이 되어야 하지?"

어린아이들은 아직 지혜가 부족하기 때문에 부모가 걷는 그 길이 얼마나 거룩하고 충성된 일인지 제대로 알지 못한다. 그리고 미성숙한 나이에는 욕구가 우선된다. 그래서 부모의 삶의 중심에 그들이 있길 바라고 인정받고 관심 받으며 사랑을 확인하고 싶다. 그러나 부모에게 자신보다 우선되는 대상이 존재함에 마음 한구석이 허전할 수 있다. 그래서 부모 또는 어른 된 우리는 하나님께 간구함과 함께 자녀의 감정과 욕구를 잘 다루어야 한다.

그들의 마음을 이해하고 격려하며 감정을 다룰 수 있게 된다면 정서적으로 안정된 상태로 성장할 수 있을 뿐 아니라 부모의 삶과 사명이 자신의 삶과 사명으로 이어져 그리스도에 충성된 삶을 이어 살아갈 수 있게 될 것이다. 그 시작이 바로 격려와 감사다. 격려와 감사는 상대의 마음의 온도를 따뜻하게 높인다.

바로 코칭의 기본이다. 코칭이라 하면 대화 프로세스를 생각한다. 코칭 대화가 깊고 풍성하게 일어나려면 상대의 마음의 문을 여는 것부터가 시작이다. 얽혀있던 관계라면 더욱 그렇다. 코칭에서도 핵심역량 네 번째에 해당하는 '신뢰와 안전감을 조성한다'가 여기에 해당된다. 신뢰와 안전감이 조성되었을 때 우리는 코칭 할 수 있다. 자신을 지지하고 격려하고 감사를 전하며 인정하는 이에게 어찌 분노함이 있을 것이며 갈등이 존재할 수 있을까? 특히 갈등이 존재하는 공동체나 관계에서는 격려와 감사가 우선되어야 한다.

예를 들어 사춘기 자녀의 마음의 문을 열려면 문제를 다루기보다 감정을 다루어야 한다. 문제를 다루면 질문이 이렇게 된다. "너 요즘 문제가 뭐니?", "뭐가 문제야?", "뭐 때문에 이러는 거니?" 그런데 감정을 다루면 이렇게 달라질 수 있다. "요즘 기분이 다운될 때가 많지?", "공부 양이 많아져서 여러 가지로 힘들지?", "엄마 아빠가 선교일로 동분서주하니 우리 ○○ 못 챙겨줘서 많이 서운하지?" 이렇게 감정을 다뤄주면 내 안에 있는 딱딱한 것들이 부드럽게 용해되기 시작한다. 그리고 서서히 마음의 문이 열린다. 이어서 상대를 격려하고 또 인정과 칭찬으로 만져준다면, 뭔가 대단한 일을 했을 때만이 아닌 평소 잘해오고 있는 일상 중에서 찾으면 된다.

"○○아! 우리 이룸이 엄마가 새벽기도 다녀오느라 아침을 잘 못 챙겨줘서 속상하지 않니? 그런데 투정 한 번 없이 아침 챙겨 먹고 학교 가는 네 모습 보면 얼마나 감사한지 몰라."

"○○이도 주일날 다른 친구들처럼 놀이동산도 가고 물놀이도 하고 싶을 텐데 엄마 아빠 이해해주는 거 너무 잘 알고 있어. 얼마나 고마운지 몰라."

"이런 ○○이를 보고 계신 예수님은 이룸이에게 뭐라고 말씀하실까?"

"이렇게 주일을 잘 지키는 ○○이는 스스로에게 뭐라고 칭찬하고 싶어?"

이렇듯 특별한 일이 아닌 일상에서 일어나는 일들에 대해 감사와 격려를 전할 때 그 일상이 선한 방향으로 인도됨을 알게 된다.

이 땅에 그리스도 향기를 피워라

베트남에는 아파트나 건물 입구마다 '바오베'라 불리는 경비원이 있다. 그들의 업무는 사람들이 오갈 때마다 문을 열어주는 일이다. 마치 자동문과 같이 사람이 지나가면 때맞춰 열어주니 대부분 그들의 존재를 인식하지 못하고 지나간다. 그런데 그들에게 항상 미소로 "까먼(감사합니다)"하며 우리는 인사를 한다.

어느 날부터 그 바오베는 우리에게 한국어로 "감사합니다"라고 반응한다. 나이도 국적도 성별도 뭐 하나 공통점은 없지만 '친구'가 된 것 같은 느낌이었다. 처음 베트남에 왔을 때 이미 정착한 한국 사람들로부터 많은 조언을 들었다. 그중 공통된 건 "이 나라 사람 믿지 마라", "직원들이 불친절하다", "게으르다", "느리다" 등 대부분 부정적인 이야기들이었다. 그럼에도 불구하고 우리가 만난 베트남 사람들은 하나같이 친절했고 누구보다 부지런하고 또 성실했다. 불친절하다고 느끼는 건 친절하게 대하는 방법을 모르는 것이고, 게으르다고 생각하는 건 급할 것이 없는 이들의 생활문화 때문이며 성실하지 못하다고 느끼는 건 일하는 융통성이 부족해서다. 똑같은 상황을 두고도 어떻게 보느냐에 따라 부정적으로 느낄 수 있고 또 아닐 수도 있다.

얼마 전 우리 회사 1호 직원이 입사한 지 1년 되는 날이었다. 그녀는 지난 1년간 열과 성을 다해 성실

하게 임해주었다. 주변에서는 그 직원에게 급여를 평균 이상을 주기 때문에 그렇게 열성으로 일을 하는 거라고 말한다. 하지만 우리 부부 생각은 그렇지 않다.

우리는 그 직원에게 수시로 격려와 감사를 전한다. 그녀의 담당 업무는 통역이다. 한국어를 베트남어로 통역하는 것은 원활했으나 베트남어를 한국어로 통역할 때는 거의 추측해서 듣는 수준이라 답답했다. 하지만 그녀를 책망하기보다 꾸준히 격려했다. 격려한다는 것은 무조건 긍정적으로만 말하는 것이 아니다. 잘할 수 있다는 가능성을 믿고 지지하고 발전할 수 있는 방향에 대해 같이 모색했다. 무엇보다 그녀 자신이 자기 상황을 제일 잘 알고 있다.

최근 눈에 띄게 달라진 그녀의 한국어 실력이 감지되어 물어보니 지난 1년간 집에서 꾸준히 공부해왔다고 한다. 또 수시로 그녀가 회사를 위해 수고하고 있음에 감사를 표한다. 메시지로, 때로는 작은 선물로, 또 언어로…. 급여 받고 일하는 직원인데 '굳이 그렇게까지 해야 해?'라고 생각할 수 있겠으나 만약 그녀가 우리에게 오지 않았다면, 더 좋은 조건의 곳으로 가버렸다면, 그 직원이 성실한 사람이 아니었다면…. 돌아보면 모든 것이 감사한 것들이다.

무엇보다 주님이 이곳에 크리스천 기업을 허락하셨을 때는 분명 이유가 있으시다. 우리는 평신도 사역자로서 주님을 알리는 게 가장 우선되어야 한다. 예수님을 모르는 이들에게 예수님을 전할 수 있는 방법, 그것은 우리를 통로로 쓰시는 예수님의 마음을 흘려보내는 게 가장 빠른 방법임을 우리는 안다.

베트남 땅은 여전히 우상숭배에 짙게 물들어 있는 곳이다. 대부분 상가와 집에 제사상이 차려져 있고 아침마다 제를 지낸다. 여전히 예수 그리스도를 모르는 사람은 허다하고, 크리스마스에 화려하게 트리를 장식하지만 무슨 날인지는 알지 못한다. 또 이 나라 사람들은 자신이 쓰고 있는 언어가 선교사로부터 만들어졌다는 사실을 알지 못한다. 왜냐하면 공산국가인 이곳에서 그것은 나라의 치부이기 때문이다.

여전히 곳곳에서는 기독교가 박해받고 정부에서 허가받지 못한 곳에서 예배를 드리다 발각되면 다양한 방법으로 위협을 받는다. 한밤중에 찾아와 폭력과 위협을 가하고, 가족들을 협박하여 가장과 분리시키기도 한다. 이런 일들이 현실에서 일어나고 있다. 이런 상황과 대비하여 우리 한국 교회를 보면 참 감사하기도 하고 또 안타깝기도 하다. 아니 답답하다는 마음도 든다. 마음껏 신앙생활을 누릴 수 있음에 감사하고 가깝게 갈 수 있는 교회가 있음에 감사하고 함께 예배드리고 교제할 수 있는 동역자가 있음에 감사하고 소리 높여 찬양하고 기도할 수 있음에 감사하다. 하지만 우리는 그 감사함이 당연함으로 변하면서 우리가 얼마나 하나님

의 은혜와 부르심으로 지금의 대한민국이 되었는지 잊고 살고 있다.

얼마 전 베트남 호찌민에 기적과 같은 일이 일어났다. 기독교 인구가 1% 남짓한 이땅에서 4만 명 넘게 모이는 전도 집회가 열린 것이다. 빌리그레이엄 전도협회(BGEA · 회장 프랭클린 그레이엄)에서 주최한 이 집회에 참석한 지인은 기적을 경험한 것 같다고 한다.

베트남 정부가 종교적 휴일을 제외하고 전도행사를 허가한 건 이례적인 일이며 또 참석한 이들 중 10%는 예수님을 영접했다고 한다. 이제 남은 건 크리스천 코치로서 주님이 주신 사명을 이 땅에서 펼치는 일이다. 우리 가정이 이 땅에 온 것은 하나님의 계획 아래 예비되었다는 것을 우리는 안다. 그 계획에 순종하고 또 감사한다. 또 앞으로 어떤 길로 인도해주실지 설렌다.

가끔 이런 생각을 해본다. '만약 내가 내 의지를 앞세워 주님 말씀에 순종하지 않고 살았다면 어땠을까?' 아마 콧대가 높은 코치가 되어 "저는 이 비용 아니면 코칭 하지 않습니다"라고 뻗대는 세상에서는 그럴듯하게 인정받는 코치이자 강사로 승승장구했을지 모른다. 사실 오랜 기간 지양했던 삶이었다. 그렇게 눈 먼 자가 되어 살았다면 아마 내 안에 예수 그리스도는 점점 더 작아지고 내 자신은 더욱 커져 어떤 삶이 펼쳐질지 상상만 해도 움찔하다.

나를 사랑하시는 하나님께 감사하고 부르심이 얼마나 다행스러운지 모른다. 주님이 내어주신 이 길 그리고 이 땅에서 내가 크리스천 코치로 어떤 사역을 하시길 원하실까? 바로 이 땅의 어린 자녀들과 그의 부모를 향해 믿음의 씨앗을 뿌리길 원하신다는 마음을 주셨다. 그중 우선 한-베 가정을 먼저 놀아보게 하셨다. 한국과 베트남이 수교한 지 약 30년이 되어간다. 베트남에 거주하는 한국인들이 꾸준히 증가하고 베트남 현지인들과 결혼하는 비율도 늘고 있다. 그러다 보니 그들의 자녀 교육이 중요 이슈다. 또 자녀들 국적은 한국이지만 이곳에서 주로 외가 식구들과 생활하다 보니 아버지와 너무 다른 문화 차이로 정체성에 혼란이 생긴다. 이는 부부 갈등으로까지 증폭되면서 이혼율도 늘어나게 된다. 속히 풀어야 할 숙제다.

이것이 주님이 나를 통로로 일하기 원하시는 부분이라는 확신을 주셨다. 주님께서 주신 코칭이라는 도구와 주님이 주신 능력으로 성령님 손 붙잡고 이들에게 주님의 사랑을 전할 수 있다면 하나님 보시기에 얼마나 기쁘실까. 건강한 부부 관계와 올바른 부모로서의 양육, 또 자녀들의 학습과 진로를 바탕으로 한 코칭! 이를 통해 부드럽게 그리스도 향기를 스며들게 하는 것이 내 사명이고 내 비전임을 알고 확신한다.

 선교적 코칭질문

1. 당신이 누군가로부터 격려를 받는다면 어떤 내용(일)이길 바라는가?
2. 당신이 지금 이 순간 감사를 표하고 싶은 이는 누구이며 어떤 일인가?
3. 매일 누군가를 향해 격려를 표한다면 그의 삶에 어떤 변화가 생기겠는가?
4. 내가 받은 격려 중 지금까지도 잊히지 않는 말이 있다면 무엇인가?
5. 내 삶에서 가장 감사한 것 세 가지는 무엇인가?

9

타문화권에 코칭의 열매를 맺다

윤혜은 코치

문화란 무엇인가?

'문화'라는 영어 'Culture'는 라틴어인 'Cultos'에서 유래한 것으로 '재배하다', '경작하다'라는 뜻이 있다고 한다. 현대사회에서 이것은 자연이나 땅을 경작하는 것을 넘어서 사회의 질서와 규범을 만들고 발전시켜 사회 구성원들이 살아가는 생활양식을 만드는 것을 의미한다. 문화에 대한 많은 정의를 내릴 수 있지만 사실 문화는 한마디로 쉽게 이해될 수 있다. 'The Way of Living', 즉 삶의 방식이다. '문화란 사람이 생각하고, 행동하고, 살아가고 그리고 교류하는 방식이다.'

흔히들 '습관은 그 사람의 인생을 만든다'라고 이야기한다. 한 사람의 생각이 행동을 만들고, 그 행동이 습관을 만들고, 그 습관이 인격을 만들고, 그 인격이 그 사람의 인생을 만들기 때문이다. 이러한 맥락에서 한 사람의 인생을 만드는 것이 '습관'이라면 한 사회의 운명을 만드는 것은

'문화'다. 즉, 그 사회가 어떠한 문화를 가지고 있는가는 그 사회 구성원들의 삶의 질을 좌우하는 것이다. 그리고 그 문화를 만드는 것은 그 사회가 가지고 있는 '생각 즉, 가치'다.

문화를 하나님의 가치로 만들어야 하는 이유

문화를 정복하는 것이 왜 중요할까? 앞에서 살펴본 바와 같이 문화는 개인의 삶뿐만이 아니라 사회 전체의 삶의 방식과 질에 큰 영향을 미친다. 그리고 문화의 뿌리는 가치다. 만약 그 사회의 문화 뒤에 숨은 가치가 선한 것이 아니라면 그 영향력은 사회 전체 그리고 여러 세대에 걸쳐 그 사회 구성원의 삶에 악영향을 미칠 것이다. 하지만 문화 뒤에 인류가 공감할 수 있는 보편의 가치만 숨겨 있어도 그 사회 구성원의 삶이 달라진다. 하물며 그 사회의 문화 뒤에 있는 가치가 성경에 제시된 하나님의 가치라면 그 사회 구성원의 삶은 얼마나 축복된 삶을 살게 될 것인가?

우리가 문화를 정복해서 성경적 정체성을 심지 않으면 하나님으로부터 오지 않은 정체성이 문화 안에 들어와 사람들의 삶을 잠식해버릴 것이다. 르네상스 이후의 인본주의의 영향이 인류의 삶에 어떠한 악영향을 미쳤고 세대를 거듭하면서 얼마나 많은 사람들이 중심을 잃고 진리를 알지도 못하게 되었는지 역사가 우리에게 증명하고 있다. 진리를 거부하는 문화, 인본주의의 가치가 숨은 문화는 결국 인간 본연의 가치와 존엄성을 파괴할 뿐이다. 이미 우리 주위에는 이러한 일이 만연하지 않은가? 현재 유럽과 북미 등의 나라에서는 동성애 결혼, 동성애자 안수, 동성애자들을 위한 화장실 문화가 만들어져 많은 사람들의 삶을 피폐하게 만들고 있다.

우리는 우리가 살고 있는 선교지에서 하나님으로부터 오지 않은 문화들을 직면한다. 문화는 생각과 가치가 만드는 것이기에 선교지의 성경적이지 않은 문화로 인해 사람들이 고통 가운데 살아가고 있는 것을 목도하며 많은 선교사들이 마음이 아픈 경험을 했을 것이다. 그 문화를 바꾸기 위해 가장 정확하고 확실한 첫 번째 해답은 '복음'이다. 복음 안에는 하나님의 사랑, 희생, 긍휼, 인내, 성실함 등 하나님의 모든 마음이 담겨 있기 때문이다. 그리고, 하나님의 가치를 그 사회에 가르치고 세우는 것이 문화를 바꾸는 길이다. 다행히, 습관을 바꿀 수 있는 것처럼 문화도 교육과 노력을 통해 바꿀 수 있다.

코칭 문화는 성경적 문화!

코칭 문화란 무엇인가? 코칭 문화가 무엇이기에 성경적 문화를 심어야 하는 우리가 코칭 문화를 이야기할까? 코칭 문화가 무엇인지, 그 뒤에 숨은 가치가 무엇인지는 '코칭의 철학'과 '코칭의 정의', 그리고 '코칭의 구성 요소'를 살펴보면 알 수 있을 것이다.

코칭에는 세 가지 기본 철학이 있다. '모든 사람은 스스로 성장할 수 있는 가능성과 잠재력이 있다.' 그리고 '그 사람에게 필요한 해답은 그 사람 안에 있다.' 마지막은 '해답을 찾기 위해서는 그것을 찾도록 도와주는 사람이 필요하다'는 철학이다.

코칭은 기독교 안에서 처음부터 발전된 영역은 아니다. 게다가 인본주의, 무신론 사상을 기반으로 발전된 영역이 있기에 기독교에서 경계심을 가지고 분별하여 그 기법들의 사용에 주의할 필요는 있다. 그렇다면 하나님을 인식하지 못한 상태에서 발견·연구되어 하나님의 이름이 언급되지 않고 만들어진 코칭의 철학 정의에 다시 하나님의 이름을 넣어 정의해보자.

1. 하나님은 모든 사람에게 스스로 성장할 수 있는 가능성과 잠재력을 이미 주셨다.
2. 그 사람에게 필요한 해답은 그 사람 안에 있다. 이것은 그 사람의 상황을 다른 어떤 사람보다 자신이 가장 잘 알기에 그 해답 또한 스스로가 가장 잘 안다는 것을 의미한다.
3. 해답을 찾기 위해서는 하나님의 인도하심을 받아 그것을 찾도록 도와주는 사람이 필요하다. 이는 하나님께서 우리를 성령 안에서 서로를 돕는 공동체로 부르셨기에 가능한 일이다.

코치라면 누구나 자기가 생각하는 코칭의 정의를 가지고 있어야 한다. 나의 코칭의 정의는 다음과 같다. "자신의 생각, 강점, 가치, 존재를 발견함으로써 하나님께서 주신 스스로의 안에 있는 잠재력을 끌어내어 하나님이 원하시는 목적을 이루도록 돕는 작업이다." 이것은 크리스천 코치로서의 정의다. 비기독교인들을 만날 땐 "자신의 생각, 가치, 존재를 발견함으로써 자신 안에 내재되어 있는 잠재력을 끌어내어 원하는 목적을 이루도록 돕는 작업이다."라고 정의를 말한다.

안타깝게도 비기독교인들에게는 처음엔 '하나님'이라는 단어를 빼고 코칭을 시도할 수밖에 없다. 당연히 코칭의 효과는 크리스천 코칭이 훨씬 더 강력하다. 그렇다고 비기독교인 코칭이 효과가 없다는 것은 아니다. 코칭의 기법은 하나님께서 사람들의 회복과 발전을 위해 주신 '일반 은혜'와 같기에 그 자체만으로도 효과가 있다. 하지만 그 일반 은혜에 하나님의 존재를 인식했을 때 크리스천 코칭은 성령께서 개입하시는 '특별 은혜'가 함께한다.

코칭의 3대 요소(기술)는 경청, 질문, 피드백이다. 거기에 사람들의 성향을 이해하는 DISC를 더한다면 더 튼튼한 코칭의 4대 요소가 된다. 이러한 코칭의 기본 구성요소를 깊이 살펴보면 인간을 향한 하나님의 모습을 발견할 수 있다. 그것은 바로 '사랑과 존중'이다. 그리고 크리스천 코칭의 기본 요소들은 모두 피코치를 최대한 인정해주고 존중해주는 자세와 가치가 담겨있음 또한 알게 된다. 그래서 제대로 된 코칭을 받은 피코치는 깊은 이해와 격려 그리고 존중을 받았던 경험을 잊지 못하고 감동케 된다.

코칭에서 질문과 경청 그리고 피드백을 통해 가장 중요하게 다루어지는 것은 그 개인이 가지고 있는 '가치와 존재'다. 그 사람의 가치를 인정하고 존재를 존중해줌으로써 잠재된 가능성을 일깨워주는 것이 바로 크리스천 코칭인 것이다.

이렇듯 코칭에는 개개인의 존재를 인정하고 존중해주는 가치가 깊이 들어 있고 또한 이것을 통해 회복과 성숙을 불러올 수 있는 단계들이 가득 차 있다. 하나님의 선하신 뜻 가운데 세우신 코칭이라는 문화는 참으로 사람을 회복시키고 행복하게 하며 하나님의 성품을 닮아가도록 성장하게 하는 것 같다. 그래서 코칭을 통해 지금 있는 이 자리에서 하나님의 문화를 겸손하게 전하고자 한다.

물론 코칭이 주님께서 사용하신 모든 방법을 커버하지는 못한다. 주님은 코칭의 기법뿐만 아니라 멘토링과 상담 등 모든 선한 방법에 능통하신 분이셨다. 하지만 사람을 존중하고 그 존재의 가치와 가능성을 발견하도록 하여 하나님과의 관계 회복은 물론이고 개인적 성숙마저 가져오도록 하는 코칭의 문화는 엄청난 가치가 있음에 틀림없는 것 같다.

코칭을 통해 바꾸는 문화

나는 현재 인도의 푸네 지역에 머물고 있다. 특별히 도시 외각에 있는 학교에서 현지인 학생들을 가르치고 다른 교사들과의 코칭 훈련을 통해 그들의 문화를 접하고 소통하는 데 많은 시간을 보내고 있다. 사역을 하다 보면 말 못 할 고민 거리도 있지만 이곳에서 사랑의 열매를 맺기 위해서 철저하게 그들의 전통, 습관, 예절, 언어 등 문화의 역사를 꾸준히 배우고자 하는 자세를 취하고 있다.

현지의 문화 가운데 성경적 문화가 아닌 영역을 먼저 파악하라

"내가 기도하노라 너희 사랑을 지식과 모든 총명으로 점점 더
풍성하게 하사 너희로 지극히 선한 것을 분별하며 또 진실하여
허물없이 그리스도의 날까지 이르고 예수 그리스도로 말미암아 의의
열매가 가득하여 하나님의 영광과 찬송이 되게 하시기를 구하노라"

(빌립보서 1:9-11)

모든 문화에는 하나님으로부터 온 아름다운 문화적 특성도 있지만

그렇지 않은 특징도 같이 존재한다. 나는 인도에 20년 이상을 살면서 이 땅 안에 있는 비성경적 가치와 문화를 대할 때면 너무도 마음이 아팠다. 이 문화 안에 있는 가치가 사람들의 존귀함을 무시하고 있고 그럼으로써 자신도 모르게 불행하고 비참하게 살아가는 모습들은 분명 하나님께서 사람을 만드실 때 기대하셨던 모습은 아니었다.

인도 안에 있는 비성경적 문화를 다 열거할 수는 없겠지만 내가 주목한 부분은 바로 카스트 제도 뒤에 있는 인간을 차별하고 존엄성을 무시하는 사상에 의한 문화다. 이러한 부정적인 문화는 사회 곳곳에 너무도 깊숙이 자리 잡았다. 물론 인도 헌법으로는 더 이상 카스트 제도의 존재를 인정하지 않지만 여전히 카스트에 의한 차별을 없애기 위해 제정한 법률들을 보더라도 이 카스트 제도가 얼마나 강하게 사회에 문화로 자리 잡고 영향력을 미치는지 알 수가 있다.

나는 카스트 제도나 힌두 사상을 대놓고 비판하며 문화를 바꾸고자 하는 노력이 별 효과가 없음을 오랜 동안 경험했다. 그래서 좀 더 유연하지만 효과적인 방법들로 이 잘못된 문화를 바꾸어 하나님이 사람을 귀히 여기시는 그 마음을 '경험하게' 하고 싶은 깊은 바람이 있었다. 그러던 사이에 코칭을 알게 되었고 평소에 그토록 원했던 하나님의 사랑과 문화를 코칭을 통해 전하고 실천하는 큰 경험을 하고 있는 중이다.

듣지 않는 문화에서 경청의 문화로

나는 어린이 사역에 참으로 관심이 많다. 그리고 인도 사회를 바꾸는 가장 효과적인 방법은 교육임을 발견하게 되었다. 이 아이들을 성경적 세계관으로 가르치고 훈련시켜 앞으로 10년 혹은 15년 후에는 진정으로 하나님의 자녀들로 변화되어 있는 모습을 꿈꾸어본다.

'어린이 사역을 위해 가장 효과적인 방법이 무엇일까?'라는 고민을 하던 중 먼저는 교회 주일학교에서 아이들을 가르쳤고 그다음 단계로 인도에서 교대를 나와 현지 학교에서 교사로 섬기고 있다. 솔직히 인도에서 외국인이 교대를 나온다는 것은 하나님의 기적이 없으면 불가능한 일이었지만 그 모든 일을 하나님께서 하셨다. 현지인 학교에서 실제적으로 어떻게 코칭을 가르치고 사용하고 있으며 또한 그 결과 어떤 문화적 변화가 일어나고 있는지 함께 나누고자 한다.

교사들에게 경청의 중요성을 일깨우다

내가 근무하는 학교는 매해 새로운 학기를 시작하기 전 2주 동안 교사 교육 기간을 갖는다. 이 기간 동안 작년에는 하루를 얻어 DISC라는 개인별 성향 유형 검사를 통해 자신을 이해하고 타인을 이해함으로 더 잘 협력하는 법을 가르칠 수 있었다. 이 DISC는 코칭을 할 때도 코치를 양성할 때도 아주 유용하게 사용되는 것이다. 이 교육이 교사들 안에 큰 호응을 얻었고 학교에도 많은 도움이 되었다. 그도 그럴 것이 인도 사회는 개인의 성향을 인정하거나 존중해주는 문화가 형성되어 있지 않다. 하지만 하나님은 각자의 성향을 다르게 만드셨고 그 다른 성향이 서로를 존중함으로 더 아름답고 성숙한 사회를 만들도록 인간을 디자인하셨다. 교육을 통해 자신의 성향을 이해하는 것으로 먼저 큰 자유함과 안정감을 갖게 되는 것은 하나님의 인간을 만드신 섭리 때문이다.

올해는 작년의 호응에 힘입어 두 배의 시간을 얻어 질문과 경청을 교사들에게 가르칠 수 있었다. 질문으로 학생들 안에 해답을 이끌어내는 방법은 아직 많은 과정과 훈련이 필요하겠지만 이러한 코칭 리더십이 학생들에게 가장 효율적이며 AI 시대에 꼭 필요한 역량임을 이해시킬 수 있었고, AI에 맞서 인간만의 고유한 가치를 키우는 것의 중요성을 각인시키는 시간이 되었다.

올해 교사 교육의 하이라이트는 '경청'이었다. 인도의 문화는 듣는 문화가 아니다. 명령하고 지시하는 문화다. 더욱이 권력의 상층에 있는 사람들, 가정에선 아버지이자 남편이겠고 사회에선 지도자들이나 고위 관리자들은 약자의 말을 듣지 않는다. 그래서 누군가가 관심을 기울이고 들어주는 것만으로도 깊은 존중감을 느낀다. 내가 교육한 교사들은 당연히 듣는 것에 익숙하지 않고 또한 이들의 이야기를 누군가 들어주는 경험에 익숙지가 않다. 이러한 현실에서 경청의 의미, 중요성과 효과, 그리고 경청의 자세와 방법까지 가르쳤을 때 이들의 생각에는 큰 충격과 도전이 되었다.

특히 여성 교사가 대부분인 상황에서 들어주는 것의 효과를 설명할 때 가정에서 남편이 자신의 이야기를 듣지 않는 현실을 대비하고, 만약 남편이 귀 기울여 들어주었을 때를 상상하게 한 것은 경청의 효과를 이해하는 데 큰 도움이 되었다. 가정에서 남편이 자신의 말을 정성껏 들어준다는 것을 상상하는 것만으로도 존중받는 느낌을 받았고 남편이 자신의 말을 경청해줄 때 자신 안에 일어나는 자기 효능감의 변화를 감지할 수 있었다. 그 느낌을 가지고 자신들이 학교에선 교사로서 그리고 가정에선 엄마로서 어떠한 경청 자세를 가지고 있는지를 돌아보았고 아이들이 느낄 존중감과 자기 효능감의 차이를 이해할 수 있게 되었다.

이 경청 강의가 끝난 후 많은 교사들이 자신의 경청 스타일에 대해 반성했고 경청을 위한 피드백을 받았다. 이 강의를 경험한 다음 날 교사들이 나에게 찾아와 피드백을 해주었는데 강의를 듣고 집에 가서 그날 배운 기술로 자신의 아이들의 이야기를 경청해주었더니 엄청 행복해했고, 아이들이 엄마를 대하는 자세가 바뀌었다며 기쁨의 흥분을 가지고 간증해주었다.

교사 교육: 경청 실습시간

사람의 존재를 존중하지 않는 문화에서 존중하는 문화로

내가 학교에서 가르치는 세 가지 과목 중 하나가 음악이다. 주일학교에서 15년 이상 하나님의 말씀을 다양한 방법으로 가르쳤었고 그 방법 중 하나가 음악이다. 하나님께서 아이들을 어떻게 창조하셨고 어떻게 사랑하셨는지를 찬양을 통해 가르치고 있다. 또한 이 수업 시간에 아이들 자신의 존재와 존귀함을 가르치고 있는데 이 시간에 코칭의 존재를 일깨

수업시간 중에 자신의 존귀함을 배우는 아이들

우는 질문과 기법을 많이 사용하고 있다.

학교에서뿐만 아니라 다른 곳에서도 아이들을 가르칠 기회가 있는데 그때 코칭에서 다루는 자신의 존재와 강점을 찾는 수업을 진행하고 있다.

개인의 습관도 사회의 문화도 바꾸는 것에는 교육과 시간이 필요하다

자신의 강점 보석 찾기

성인이 나쁜 습관을 좋은 습관으로 바꾸기 위해 필요한 시간을 심리학자들은 보통 6개월이라고 한다. 물론 그전에 자신의 나쁜 습관을 인지하는 계기(교육)가 전제되어야 하고 바꾸고자 하는 의지가 필요하다. 한 사회에서 문화를 바꾸는 것에도 교육이 전제되어 인식의 변화가 먼저 일어나야 한다. 그 후 그 가치를 가지고 바꾸고자 하는 의지를 계속적으로 독려하는 노력이 계속되어야 한다.

더욱이 선교지에서 하나님으로부터 오지 않은 문화를 다루고 바꾸는 것은 쉽지가 않다. 왜냐하면 그것은 그저 가치를 다루는 것뿐만이 아니라 영적인 세력을 같이 다루는 것이기 때문이다. 많은 영적 전쟁과 기도가 병행되어 영, 혼, 육이 다 다루어지고 바뀌어야 한다. 그 과정 가운데 코칭이라는 도구는 기도와 함께 가치관과 문화를 바꾸는 데 좋은 도구가 됨을 확인하게 된다. 이 도구는 앞으로 미래사회를 준비하고 미래의 리더들을 양성하는 데도 아주 유용할 것이다.

오늘도 나는 계속 달려가고 있다. 비록 더딜 수도 있고 많은 방해가 있을 수도 있겠지만 계속적으로 성경적 가치관을 이곳의 문화 가운데 심을 수 있는 크리스천 코칭을 사용할 것이다. 하나님의 나라와 의를 구하고 확장하는 일꾼으로서, 이들이 얼마나 존귀하고 어떤 희생과 사랑을 받은 존재인지를 계속적으로 크리스천 코칭을 통해 알릴 것이다. 그리고 다른 선교사님들께 가르쳐서 하나님의 마음이 배어있는 문화를 계속 확장시켜나갈 것이다.

One Step at a Time!

아직은 작은 파동에 불과하다. 하지만 이 크리스천 코칭이 성령의 능력으로 이 땅에 퍼지고 퍼져 하나님의 문화가 자리 잡을 것이다. 그 하나님의 문화로 이 사회가, 이 구성원 한 사람 한 사람이 자신의 존재감을 깨닫고 잠재력을 일깨울 것이다. 서로를 귀히 여길 것이다. 하나님의 사랑을 깨닫고 나눌 것이다. 나는 오늘도 그날을 마치 눈앞에 보는 듯 믿음으로 보며 한 걸음씩 내딛는다.

🔥 선교적 코칭질문

1. 코칭문화를 당신의 언어로 한 줄로 요약하면 무엇인가?
2. 우리의 문화를 하나님의 가치로 변화시켜야 할 세 가지 이유는 무엇인가?
3. 타문화권에서 코칭이 탁월한 선교적 도구라고 말할 수 있는 이유는 무엇인가?
4. 코칭선교사로서 당신의 비전을 한 줄로 만든다면 무엇인가?
5. 코칭선교사로서 달려가는 그 길 끝에서 누구를 만나고자 하는가?

Memo

코칭선교사 행진곡

우리는 선교가 하나님의 명령이라는 것을 확인하며 하나님은 성령의 능력으로 선교를 감당하게 하신다는 것을 발견하게 된다. 또한 우리가 왜 코칭선교사가 되어야 하는지, 이 시대가 왜 코칭선교사를 요구하는지에 대한 통찰력을 얻게 된다. 코칭선교사를 통해 세계 열방이 주께 돌아오고, 하나님 나라가 더욱 확장되기를 기대한다.

10
코칭선교사의 첫걸음

나진영 코치

"훌륭한 감독은 경기를 바꿀 수 있고, 위대한 감독은 인생을 바꿀 수 있다
(A Good coach can change a game, A Great coach can change a life)."

– 존 우든(John Wooden)

삶의 내비게이션

선교사로서 새로운 문화 속에서 살아가는 동안 수많은 문제에 당착하게 되는데, 상당한 부분이 바로 현지인들과의 소통의 문제에서 일어난다고 한다. 언어의 한계, 생활 양식, 삶의 방식의 다름 등에서 일어나는 커뮤니케이션의 문제는 선교의 가장 큰 방해 요소가 되기도 한다.

그렇다면 타문화권인 선교사로 언어의 한계 혹은 소통의 한계를 넘을 수 있는 방법은 없을까? 카이로스 선교 훈련에서는 선교사로서 어린

시절 나고 자란 곳을 떠나 새로운 환경, 문화 속에서 살아가는 최고의 방법은 '그들처럼 되는 것'이라고 제안하고 있다. 그들처럼 되는 것은 그들이 가진 생활 방식, 습관 등을 그들의 눈높이에서 바라보는 것을 의미한다. 이런 의미에서 선교 또한 더 잘하기 위해서는 현지인의 소리에 더욱 귀를 잘 기울여야 빠르게 하나님 나라를 이룰 수 있을 것이다.

이는 다른 말로 선교지에서 현지 선교를 가장 잘 아는 것은 그들의 생활 방식과 문화를 통해 선교해가는 것이라고 할 수 있다. 왜냐하면, 현지를 가장 잘 아는 사람은 선교사가 아닌 바로 현지 사역자들이기 때문이다. 이 보이지 않는 간격을 좁힐 수만 있다면 얼마나 좋을까?

선교는 선교사에 의해 지시하고 명하는 시대는 저물었다. 이제는 현지 사역자들과 함께 가야 한다. 선교사는 선생의 역할 즉, 가르치는 위치에 서서는 안 된다는 것이다. 선교지에 하나님 나라를 세워가는 데 있어서 반드시 현지 사역자와 함께 달려가야 한다.

> "빨리 가고 싶으면 혼자 가라. 멀리 가고 싶으면 같이 가라
>
> (If you want to go fast, go alone, If you want to go far, go together)"
>
> – 아프리카 속담

선교는 혼자 갈 수도 없고, 빨리 갈 수도 없다. 왜냐하면 선교는 하나님의 주권, 영역이기 때문이다. 우리는 맡겨진 자로 열심히 주어진 사명을 감당하는 것이다. CCC 커넥션 선교 훈련에서는 선교를 다음과 같이 정의하고 있다. "예수 그리스도를 통해 온 세상을 구원하려는 하나님의 꿈을 자기 백성과 함께 이루어가시는 하나님의 거룩한 활동이다." 즉, 하나님 나라를 세워가는 공동의 목표 아래 선교사와 현지 사역자들이 함께

하나님의 거룩한 활동을 해나가는 것이라고 말하는 것이다.

선교! 하나님 나라라는 공동의 목표를 향해 선교사와 현지 사역자가 나란히 함께 걸을 수 있는 최고의 방법은 바로 코칭선교사가 되는 것이다. 왜냐하면, 코칭 리더십은 목적지까지 가장 빠르고 쉽게 안내해나가는 길라잡이 역할을 하는 내비게이션과 같은 리더십이다. 처음 가는 길이지만 내비게이션만 따라가면 목적지에 도착할 수 있다. 목적지까지 가장 빨리 도달하는 방법은 길을 잘 아는 사람들의 귀에 기울이는 것이다.

선교지에서 코치의 위치

'코치'라는 용어는 스포츠 분야에서 1880년대부터 본격적으로 사용되기 시작했으며, 1940년대 옥스포드 대학에서는 학생들의 학습을 돕기 위해 고용한 개인 교사를 코치라고 부르기도 했다. 다시 말해서, 코치의 역할은 '돕는 자' 혹은 '지지자' 정도로 의미를 부여할 수 있다.

스포츠 팀에서 코치의 역할은 긍정적인 역할 모델이 되어야 하고, 팀의 단결의 중심이 되어야 하며, 강력한 동기부여를 제공해야 하고, 또한 다른 사람들을 존중하고 자기 역시 존중받을 만한 존재가 되어야 한다. 제일 중요한 역할은 선수 개인과 팀이라는 중간자의 역할을 감당해야 한다. 이를 통해 선수와 팀의 목표를 달성하는 방향에 큰 영향을 미치는 것이다. 왜냐하면, 코치의 지도 방식에 따라 팀 또는 선수들의 색깔, 성격, 행동 방식이 바뀌기 때문이다.

이런 코치의 역할을 선교 현장에 접목하면 선교사로서 현지 사역자들을 잘 이끌어낼 수 있을 것이다. 코치를 선교사로, 선교지를 운동장으로, 그리고 현지 사역자들을 선수들로 적용할 수 있다. 스포츠 경기는 코치가 하지 않는다. 경기는 선수들이 한다. 경기를 가장 잘하도록 도와주고 전략을 짜는 것이 바로 코치의 역할이다. 선교지라는 운동장에서 복음을 전하고 가르치는 일은 선교사보다 현지 사역자들이 하는 것이 훨씬 효과적인 경우가 많다. 이들을 돕고 지지하는 역할을 하는 이들이 바로 선교사, 다시 말해서 코치인 것이다. 하나님 나라를 세워가는 공동의 목표 아래 선교사와 현지 사역자들이 한 팀이 되어 승리의 깃발을 꽂는 선교의 모습은 가장 아름다운 장면이라고 할 수 있다.

단지 좋은 성적을 얻기 위해 선수를 압박하는 방식, 흔히 말하는 기계적 운동법은 운동선수의 운동 수명을 단축시킬 뿐 훌륭한 운동선수를 키우는 데 도움이 되지 않는다. 이와 마찬가지로 사역을 함에 있어 선교사로서 현지 사역자에게 명령하고 지시하는 시대는 이미 저물었다. 서로 함께 하나님 나라를 이루어가는 것으로, 가장 효과적인 사역 방향은 코치로서 선교사가 되는 것이다. 코칭 리더십을 통한 선교의 접근으로 선교사도, 현지 사역자도 그리고 선교지도 변화시켜 진정한 하나님 나라를 가장 효율적으로 이루어나가자.

Teaching vs. Coaching

티칭(Teaching)은 가르치는 것으로 주로 지식을 전달한다. 즉, 티칭은 가르치는 자의 생각과 방법으로 학생들의 학습 활동을 이끄는 것이다. 트레이닝(Training)도 비슷한 부분이 있는데 코치의 훈련 방식과 목표들이 일방적으로 진행된다.

반면에 코칭(Coaching)은 티칭의 한 분야로 볼 수 있으나 보다 세분화되고 전문적인 분야다. 티칭은 주요 내용이 지식 전달이며 책임 의식이 적지만 코칭은 인격과 사역에 관한 기술을 개발시키고 발전시키며 상호 의존과 상호 책임을 지고 목표를 이룰 때까지 도와주고 훈련하는 것이다.

프로 스포츠에서도 코치의 역할은 일방적인 훈련(Training)보다는 개인에 맞는 맞춤형 훈련, 코치의 일방적이 아닌 선수와의 쌍방형 훈련이 실행되고 그 결과는 경기력 향상으로 이어지는 결과를 낳기도 한다. 실제로 태권도 수업도 일방적 가르침이 아닌 동작을 스스로 생각하게 하고 수련생 스스로 그 답을 찾는 코칭 스타일 훈련 방법이 훨씬 효과적인 것을 많은 실전을 통해서 알 수 있었다.

코칭과 트레이닝

코칭(새로운 접근법)	트레이닝(전통적 방법)
• 어원은 마차(Coach) • 귀중한 사람이 희망하는 곳까지 이동 • 동반자적 관계 • 상호적인 작용	• 어원은 기차(Train) • 많은 사람을 동일한 경로와 속도로 이동 • 한 사람이 리드하는 관계 • 일방적인 작용

마태복음 28장 20절에서 "… 내가 분부한 것을 가르치고 지키게 하라"는 말씀은 먼저 믿은 자들이 예수 그리스도의 삶과 그의 가르침을 누리라는 것이지 상대방에게 명령하거나 혹은 무조건 가르치라는 의미는 아닐 것이다.

믿음은 함께 누리는 것이다. 함께 누리기 위해 먼저 믿은 자가 현지인을 이끌어나가는 것이 진정한 선교사의 몫이다. 특히 선교사를 코칭선교사로 부른다면, 그의 역할은 진정한 변화가 있어야 할 것이다. 선교사가 가르치고 명하는 것은 그들의 나라를 세워가는 것이다. 진정한 선교는 하나님 나라를 세워나가는 것이다. 하나님 안에서 한 형제와 자매인 것을, 예수 그리스도 안에서 모두 죄인이고, 용서받은 존재인 것을 명심해야 할 것이다. 가르치는 선교사가 아니라 지지하고 돕는 선교사, 즉 지금은 선교지에 미래지향적이며 동시에 지지하고 지원하는 '코칭선교사'의 삶이 절실히 요구되는 시대다.

코칭(Coaching)	지원하기	미래지향적
컨설팅(Consulting)	정답주기	현재지향적
카운셀링(Counseling)	돌아보기	과거지향적
멘토링(Mentoring)	보여주기	미래지향적

현지 사역자를 지지하는 선교사

각 선교지마다 팬데믹으로 인해 많은 면에서 변화들이 있다고 한다. 그럼에도 불구하고 변화의 기류에 부응하지 못하는 부류가 바로 선교사들이다. 이는 진정으로 변화가 있어야 할 선교 접근 방법적인 면에서 여전히 전통적인 방식을 고집하고 있기 때문이다.

우선, 팬데믹으로 선교의 지역적 개념이 불분명해져버렸다. 이는 선교지에서도 온라인 즉 가상 공간이라는 선교적 시대를 맞이하고 있기 때문이다. 언택트로 진행되는 회의, 수업, 온라인 단기 선교와 콘퍼런스 등 지역을 넘어 전 세계가 하나의 가상 공간에서 만남이 이루어지고 있다.

나는 이 문화가 일시적이라고 생각하지 않는다. 새로운 MZ 세대〔밀레니얼(Milennials)의 M과 Z세대(Generation Z)의 Z가 합쳐진 말로, 1980년대 초반부터 2000년대 초반 사이에 태어난 세대〕는 현장보다 오히려 온라인을 더 편하게 느끼는 세대다.

둘째로, 한국 교회와 선교지는 여전히 성과 위주의 선교 사역을 하고 있는데, 이는 사람 중심보다는 건물과 선교 업적 중심의 선교가 여전히 주를 이루고 있다는 것이다. 선교지의 문화와 가치관이 변하는 속도가 그 전보다 엄청난 속도로 바뀌고 있는 중이다. 이렇게 급속하게 변화하는 시대에는 당연히 새로운 선교의 방식이 요구되고 있다. 특히, 문화의 변화 속도는 과거에 비해서 수십 배나 더 빠르게 진행되고 있는데 이에 적응하는 선교적 자세에는 아무런 변화가 없다면 이는 선교의 실패를 가져올 것이기 때문이다. 새로운 문화 창출은 건물이 아닌 사람 중심으로 빠르게 변모하고 있다.

미국의 경제학자인 피터 드러커는 "문화에 있어서 전략은 그저 아침 거리에 불과하다"라고 했다. 아무리 좋은 전략을 세워도 문화는 그것을 무력화해버릴 수 있다는 뜻이다. 그런데 이렇게 강력한 문화의 변화가 출현했음에도 불구하고 여전히 변함없는 접근 방법으로 저항한다면 얼마나 버틸 것 같은가? 지금의 문화는 상대를 존중하고 섬김의 자세로서 탁월한 대화법을 요구하는 시대다.

그렇다면 이러한 시대에 적합한 선교사는 과연 어떠한 유형일까? 그것은 바로 이러한 시대를 아우를 수 있는 문화 선교사인 '코칭선교사'라고 말할 수 있겠다. 즉, 상대방의 잠재력을 깨워주고 인식의 변화를 일으켜 탁월하게 자신이 맡은 역할을 잘 수행할 수 있게끔 파트너 역할을 할 수 있는 이들이 필요한 것이다. 4차 산업혁명 시대라고 불리는 지금의 시대에 '코칭선교사'의 출현은 필연적인 운명인 것이다.

21세기 선교는 총체적 선교로 복음, 삶, 직업의 3 요소가 균형을 잘 잡을 수 있도록 하는 것이다. 균형 잡힌 삶을 지향하는 총체적 선교는 개인의 영, 혼, 육의 건강, 사회적 건강, 신앙적 건강을 복음적으로 세우는 데 그 목표가 있다. 복음만을 강조하던 전통적 선교에서 나아가 개인의 삶과 일터에서 성경적 관점을 가지고 기독교 문화를 세워가는 사역이 강조되고 있다. 이를 위해서는 삶 속에서 말씀을 적용하는 것이 중요한데 선교사 자신이 말씀대로 사는 삶이 무엇인지 깨닫고, 성경적인 세계관으로 사는 삶을 실천함으로 문화를 선도해나가는 것이 총체적 선교의 출발이다.

이러한 관점에서의 선교는 건물 중심에서 벗어나 사람 중심으로 옮겨져가야 한다. 그러나 사람을 변화시키는 것은 쉬운 일이 아니다. 내재되어 있는 세계관, 생활방식 그리고 문화는 쉽게 변화하는 것들이 아니다. 그러하기에 자신의 깊숙한 곳에 내재되어 있는 정체성과 세계관을 바꾸는 것은 힘든 작업이다. 솔직히 성령의 터치가 없다면 절대로 이루어질 수 없는 작업이다. 이들의 정체성과 세계관을 기독교적인 세계관으로 바꾸는 작업에는 또한 탁월하면서도 철저한 접근방법이 있어야 한다. 나는 여러 접근 방법들 중에 '크리스천 코칭'이라는 가장 우월한 도구를 적극적으로 추천하는 바이다.

코칭 리더십은 인식의 측면뿐만 아니라 행위적인 측면에서 지속적인 변화를 강조하여 피코치를 지지하고 협력하는 관계로서 이 과정을 통해 피코치의 개인적인 성장 및 문제의 해결을 돕는 창의적인 대화의 과정이라고 말하고 있다. 이에 따라 현 시대에서 가정과 학교 및 교회 등 사람이 사는 곳이라면 어디서든지 반드시 코칭 리더십이 요구되고 있다. 아마도 탁월한 대화의 능력을 키워주고 잠재 의식과 창의력을 깨워주는 데 '코칭식 대화법'만큼 탁월한 효과를 주는 리더십이 없기 때문일 것이다.

이를 뒷받침하는 이론으로 그레고리(Gregory)와 레비(Levy)(2010)는 코칭 관계를 "부하의 수행 향상 목적을 위해 상사가 부하들과 파트너 관계를 유지하는 것을 의미한다"라고 정의했다. 이러한 코칭 관계를 측정하기 위해 네 가지 요인으로 구성된 척도를 제시했다.

- 관계의 진정성(Genuineness of the Relationship): 상사와 부하가 서로를 신뢰하고 상사가 부하를 진정으로 배려함을 의미한다.
- 효율적인 의사소통(Effective Communication): 상사가 부하의 말을 경청하고 효율적으로 부하와 의사소통하는 내용을 포함한다.
- 관계의 평안함(Comfort with the Relationship): 상사에게 수행과 관련된 어려움에 대해 편하게 말할 수 있는 관계를 의미한다.
- 개발촉진(Facilitating Development): 상사가 부하의 강점이나 잠재력을 파악하고 향상시키도록 돕는 행동을 의미한다.

위의 내용을 선교지 상황에 대입해보면 코칭리더십은 선교 대상자들에게 또는 동역자들과의 관계에 있어 최고의 척도를 이끌어낼 수 있다.

1. 관계의 진정성
선교사와 현지 사역자 그리고 선교 대상자들과의 진정한 관계를 친구와 같은 관계로 가져갈 수가 있다면 이는 서로 허물없는 관계 속에서 사역할 수 있다는 것을 의미한다. 이는 예수님도 제자들과 3년간 함께 지내면서 거짓된 관계가 아닌 진정한 관계를 만드셨기 대문이다. 즉 선교에 있어 가장 중요한 측정 요소인 진정한 관계성을 말하는 것이다.

2. 경청의 중요성

코칭 리더십에서 가장 중요한 요소는 바로 경청이다. 적극적인 경청은 상대방이 말하는 내용을 충분히 들어주고 그 의도를 이해하면서 공감해주는 것을 의미한다. 이 부분을 성공적으로 수행할 수 있는 선교사는 솔직히 많이 없는 편이다. 그러므로 코칭 선교사의 가장 큰 덕목으로 현지 사역자들의 소리에 귀 기울이는 경청을 뽑을 수 있다.

3. 관계의 평안함

현지 사역자와 선교사의 관계는 주종관계가 아니다. 주종관계는 곧 선교의 실패와 연결된다. 현지 사역자와 선교사의 관계는 하나님께서 맺어주신 동역의 관계로 서로 믿고 신뢰하는 관계가 되어야 한다. 또한 선교사는 사역하면서 만나는 이들에게 평안한 존재가 되어야 한다. 문제를 해결하고 기쁨과 슬픔을 허물없이 말할 수 있는 존재가 되어야 한다. 동역자들과의 관계에서도 선교사는 가르치는 선생이 아니라 함께하는 동역자가 되어야 한다.

4. 개발촉진

현지 선교는 외국 선교사가 하는 것이 아니라 현지 사역자가 하는 것이 맞다. 그렇다면 그들의 능력, 삶의 질을 향상시켜주어야 한다. 코칭선교사는 현지 사역자들을 통해 선교가 이루어지도록 그들을 지지하고 능력을 이끌어내야 한다.

코칭 리더십이 문화적으로 자리 잡는다는 것은 선교지마다 뿌리 깊게 내려진 그들만의 세계관이 기독교 세계관으로 변화되는 것이며, 앞으로 이것이 중요한 선교 방향이 될 것이다. 코칭 리더십에서의 코치의 역할은 '코치는 답이나 아이디어를 주는 것이 아니라 스스로 찾도록 유도하는 것'이라고 한다. 그러므로 선교지에서 코칭선교사가 되어 현지인들을 지지하고 격려하며 함께 하나님 나라를 세워가는 것이 새로운 과제임에 틀림없다.

🔥 선교적 코칭질문

1. 코칭선교사로 지원할 당신은 어떠한 사람인가?
2. 코칭선교사로서 무엇을 기대하는가?
3. 코칭선교사로 나아가지 못하게 하는 장애물은 무엇인가?
4. 그러한 장애물을 어떻게 제거하고자 하는가?
5. 하나님께서는 당신의 결정에 어떻게 응원하시는가?

11

코칭으로 사역하라

한남희 코치

코칭으로 사역한다는 것은, 코칭의 원리와 기술을 사용하여 타인을 하나님의 사람으로 세우는 사역을 말한다. 코칭은 타인의 잠재력을 발견하고 그 잠재력을 최대한 발휘할 수 있도록 돕는 과정이다. 따라서 코칭으로 사역한다는 것은, 타인의 삶을 변화시키고 세상을 변화시키는 사역일 뿐 아니라 하나님 나라를 확장하는 사역이라고 할 수 있다. 코칭으로 사역할 수 있는 구체적인 방법은 다음과 같다.

1. 개인 코칭
개인의 성장과 발전을 돕는 코칭을 통해, 타인의 삶의 질을 향상시키고 그들의 잠재력을 발견하고 발휘하도록 돕는다.

2. 팀 코칭
팀의 역량 강화를 돕는 코칭을 통해 팀의 목표 달성과 성과 향상을 돕는다.

3. 조직 코칭

조직의 변화와 발전을 돕는 코칭을 통해 조직의 비전과 목표 달성을 돕는다.

코칭으로 사역하는 데에는 다음과 같은 장점이 있다. 첫째, 코칭 사역은 타인의 잠재력을 발견하고 발휘하도록 돕는 데 효과적이다. 코칭은 타인의 내면을 들여다보고 그들의 잠재력을 발견하고 발휘하도록 돕는 과정이다. 따라서 코칭을 통해 타인은 자신의 강점과 약점을 이해하고 자신의 목표를 달성하기 위한 계획을 세우고 실행할 수 있다.

둘째, 타인의 삶의 질을 향상시키는 데 효과적이다. 코칭은 타인의 삶의 목표와 가치를 발견하고 그 목표와 가치를 달성할 수 있도록 돕는 과정이다. 따라서 코칭을 통해 타인은 자신의 삶의 의미를 발견하고 하나님의 목적을 발견할 수 있다.

셋째, 코칭 사역은 하나님 나라를 확장하여 세상을 변화시킨다. 코칭은 위에서도 언급했듯 타인의 잠재력을 발견하고 발휘하도록 돕는 과정이다. 따라서 코칭을 통해 타인은 자신의 잠재력을 사회에 환원하고 세상을 변화시키는 데 기여하며, 이는 하나님 나라를 확장하게 된다.

코칭으로 사역한다는 것이 무엇인지 좀 더 실제적으로 살펴보려고 한다. 이 글에서는 나의 필리핀 선교의 시작부터 현재까지를 타임라인으로 설정하여 코칭 질문으로 사역에 접근하는 방법을 모색해보고자 한다.

벼랑 끝에서 시작하다

한국에서의 목회 실패로 인해 죄책감과 절망에 빠진 나는 벼랑 끝에 서 있었다. 이대로라면 모든 것이 끝날 것만 같았다. 그러나 벼랑 끝에서 나는 하나님을 다시 만났다. 그리고 선교라는 새로운 사명을 붙잡았다. 하나님이 내게 주신 마지막 기회라고 생각하고 필리핀 선교를 시작했다.

벼랑 끝에 서는 것은 두 가지 의미를 가지고 있다. 하나는 절망, 공포, 혼란, 좌절 등으로 인생의 마지막으로 내몰린 상태를 말한다. 또 다른 하나는 벼랑 끝에서 더 이상 물러설 수 없다는 인생의 새로운 각오와 결단을 의미한다. 나는 벼랑 끝에서 새로운 출발을 할 수 있었다. 하나님을 의지하고 새로운 사명을 향해 나아갔다. 그리고 선교를 통해 새로운 삶을 살게 되었다.

성찰적 질문
1. 내가 지금 벼랑 끝에 서 있다고 느끼는 이유는 무엇인가?
2. 벼랑 끝에서 내가 가장 두려워하는 것은 무엇인가?
3. 벼랑 끝에서 내가 할 수 있는 것은 무엇인가?

이 질문들에 대한 답변을 통해 우리는 벼랑 끝에 서 있는 상황에서도 할 수 있는 것들이 있다는 것을 알 수 있다. 하나님께 의지하고 새로운 길을 찾으려고 노력한다면 우리는 벼랑 끝을 넘어 새로운 삶을 시작할 수 있다.

앞만 보고 달리다 탈진하다

2006년 4월 19일, 필리핀 선교가 시작되었다. 필리핀 각 가정을 찾아다니며 복음을 전했고 10여 명의 사람들이 복음을 받아들여 함께 성경 공부를 하고 첫 예배를 시작했다. 그렇게 필리핀에 첫 번째로 개척된 교회가 바로 블리스 아멘교회다. 계속되는 교회 개척을 통해 현재는 필리핀 카비테에 10개, 마닐라에 5개, 잠발레스에 2개, 민다나오에 3개, 팔라완에 3개를 포함하여, WCF(World Christian Fellowship) 총 23개의 필리핀 교회를 돌아보고 있다.

각 교회 청소년 리더들을 모아 리더십 캠프, 전도 캠프, 치유 캠프, 찬양 캠프, 부흥 캠프, 연합 캠프 등 캠프라는 이름으로 훈련을 시작했다. WCF 23개 교회를 아우르는 청소년 리더십 팀과 예배 팀인 '언리미티드 (UNLIMITED)'를 결성하여, 필리핀 전 지역을 다니며 복음을 전하고, 필리핀의 작은 교회들을 세우며 청소년들을 주님께로 인도하는 일에 전심 전력하고 있다.

그렇게 10여 년을 앞만 보고 달려왔다. 쉼의 시간도 재충전의 시간도 없었다. 때로는 먹는 시간도 사치로 다가왔고, 선교사들의 교제 모임도 불필요하게 생각했다. 극심한 피로감으로 몸과 마음이 지치고 결국에는 탈진했다.

"수고하고 무거운 짐 진 자들아 다 내게로 오라,
내가 너희를 쉬게 하리라
나는 마음이 온유하고 겸손하니, 너희는 내 멍에를 메고 나를 배워라
그러면 너희는 마음에 평화를 얻고, 너희 영혼이 안식하리라"

(마 11:28-30)

성찰적 질문

1. 무엇 때문에 앞만 보고 달려갈 수밖에 없었나?
2. 쉼의 중요성을 깨닫지 못한 특별한 이유는 무엇인가?
3. 탈진한 후 어떤 변화가 있었는가?

이 질문들에 대한 답변을 통해 우리는 쉼의 중요성을 깨달을 수 있다. 예수님은 수고하고 무거운 짐 진 자들, 즉 지치고 힘든 사람들을 향해 자신에게 오라고 말씀하신다. 그리고 자신의 멍에를 메고 자신을 배우라고 하신다. 예수님의 멍에는 편하고 쉬운 멍에다. 예수님을 의지하고 그분의 말씀을 따라갈 때 우리는 마음의 평화와 영혼의 안식을 얻을 수 있을 뿐 아니라 새로운 힘을 공급받을 수 있다.

한 번도 경험하지 못한 팬데믹

2019년 12월, 팬데믹이 발발하면서 전 세계가 혼돈의 시대로 접어들었다. 2020년 3월, 필리핀도 팬데믹으로 인해 강제봉쇄령을 발동하면서 모든 상점과 교회가 문을 닫고, 사람들은 집 밖으로 나갈 수 없게 되었다. 선교 팀들도 줄줄이 취소되면서 선교의 문이 닫히고 하늘문도 닫혔다.

경제적 어려움으로 생계가 위협받았다. 예배모임을 갖지 못하는 것이 두려움이었다. 선교도 걱정됐다. 모든 것이 혼란스러웠다. 그러나 이 모든 혼란 속에서 새로운 세상을 발견하게 되었다. 그것은 쉼의 세상이었다. 아무도 만나지 않아도 되는 세상, 재충전의 의미를 찾아가는 세상, 가만히 있어 하나님 됨을 알아가는 세상이었다.

"그러므로 걱정하지 말라 먹을 것을 무엇으로 먹을까,

마실 것을 무엇으로 마실까,

입을 옷을 무엇으로 입을까 걱정하지 말라

이 모든 것은 이방인들이 구하는 것이다

너희 하늘 아버지께서 이 모든 것이 너희에게 필요한 줄을

아시느니라

그러므로 너희는 먼저 그의 나라와 그의 의를 구하라

그리하면 이 모든 것을 너희에게 더하시리라

그러므로 내일 일을 위하여 걱정하지 말라

내일 일은 내일 걱정하리라

한 날의 괴로움은 그날로 족하니라" (마 6:25-34)

성찰적 질문

1. 팬데믹을 통해 어떤 것을 배웠는가?

2. 극심한 혼란 속에서도 하나님을 의지한다는 것은 어떤 의미
   인가?

3. 당신이 지금 당장 죽는다면 무엇을 할 것인가?

이 질문들에 대한 답변을 통해 우리는 한 번도 경험하지 못한 새로운 경험을 통해서도 하나님을 신뢰하는 법을 배워갈 수 있다. 성경 말씀을 통해 우리는 걱정과 근심은 하나님께 맡기고, 오늘에 충실하며 살아야 한다는 것을 배울 수 있다.

줌으로 세상을 열다. 그리고 코칭의 세계로 입문하다

코로나 팬데믹으로 인해 하늘길이 막히면서 '줌(Zoom)'을 통해 새로운 세상을 열어가기 시작했다. 줌이라는 플랫폼을 통해 수많은 세미나에 참여하여 지식을 쌓았지만 여전히 갈급함을 느꼈다. 그러던 중 코칭을 만나게 되었고 코칭에 집중하기로 결심했다.

코칭에 집중하기로 결심한 데는 다음과 같은 이유가 있었다. 우선, 제자훈련과 코칭은 모두 타인을 돕고, 그들의 삶을 변화시키는 것을 목적으로 하는 사역이지만, 코칭만의 장점이 있었기 때문이다. 제자훈련에 코칭을 접목하면 더욱 시너지가 생긴다는 것을 알 수 있었다.

코칭을 통해 자신의 잠재력을 발견하고, 다른 사람들을 돕고 싶었다. 코칭을 통해 이루고 싶은 구체적인 목표가 생기기 시작했다. 코칭을 통해 사람들의 삶을 변화시키고 싶었다. GCLA를 통해 많은 선교사님들과 교통을 하고 싶었다. GCLA를 통해 좋은 네트워크를 형성하여 하나님 나라를 확장하고 싶었다. 코칭이 하나님의 사람들을 세우는 데 탁월한 도구라는 확신이 생겼다. 하나님께서 나를 코칭의 길로 인도하신다고 강력하게 느꼈다.

"예수께서 성전에서 외치시되 누구든지 목마르거든 내게로 오라 내가 마실 것을 주리라 나를 믿는 자는 성경에 기록된 것과 같이 그 배에서 생수의 강이 흘러나오리라 하시니"(요 7:37-38)

"그러나 너는 배우고 깨닫는 일에 힘쓰라. 이는 네가 구원을 얻고 네게 맡긴 사람들을 능히 가르칠 수 있게 하려 함이라."(딤전 4:12)

성찰적 질문

1. 수많은 세미나의 홍수 속에서도 갈급한 이유는 무엇인가?
2. 코칭에 집중하기로 결심한 이유는 무엇인가?
3. 코칭을 통해 이루고 싶은 것이 있다면 무엇인가?

이 질문들의 답을 통해 우리는 인생에서 정말로 중요한 것이 무엇인지를 확인할 수 있다. 또한 위기 속에서도 새로운 기회를 찾아가는 방법을 배울 수 있다. 성경 말씀을 통해 우리는 갈급한 마음으로 하나님을 찾을 때 하나님께서 풍성한 은혜를 베푸신다는 것을 배울 수 있다. 또한 배우고 깨닫는 일에 힘쓰는 것은 우리의 삶을 풍요롭게 만드는 방법임을 알 수 있다.

코칭을 사역에 접목하다

하나님의 나라의 영광을 위해 살고, 하나님의 사람을 세우는 것을 나의 사명으로 삼고 있다. 이러한 사명을 실현하기 위해 코칭을 접목하기로 결심했다. 다음과 같은 방법으로 코칭을 사역에 접목해보았다.

1. 모든 사역을 코칭식으로 접근했다
모든 회의, 리더 훈련, 선교의 다음 스텝 준비 등을 코칭의 원리
와 기술을 통해 시도했다.

2. 리더 한 사람 한 사람을 코칭 했다

리더들의 잠재력을 발견하고 발휘하도록 돕기 위해 개인 코칭을 진행했다.

3. 나 자신을 셀프코칭했다

코칭의 원리와 기술을 사용하여 자신의 성장과 발전을 이끌었다.

또한 이러한 접근을 통해 사역의 현장에서 다음과 같은 변화를 경험했다.

1. 사역이 활성화되었다

리더들이 스스로 사역을 주도하게 되면서, 사역의 효율성과 효과가 높아졌다.

2. 리더들이 훈련되었다

코칭을 통해 리더들은 자신의 강점과 약점을 이해하고, 사역을 효과적으로 수행할 수 있는 역량을 개발했다.

3. 선교사들이 세워졌다

코칭을 통해 선교사들은 자신의 사명을 발견하고, 사역에 대한 열정을 회복했다. 그리고 선교사로 헌신했다.

4. 선교의 다음 스텝이 준비되었다

코칭을 통해 현지 리더들과 함께 선교의 다음 스텝을 준비할 수 있었다.

코칭을 사역에 접목하기 위해서는 다음과 같은 노력이 필요하다고 생각된다. 첫째, 코칭의 원리와 기술을 이해하고 습득해야 한다. 둘째, 사역의 목표와 목적에 맞게 코칭을 적용해야 할 것이다. 셋째, 리더와 선교사들의 참여와 협력을 이끌어내야 하며, 마지막으로 코칭을 통해 하나님의 나라를 확장하는 일에 함께 동참해야 한다.

"그분은 성령을 통해 우리에게 어떤 은사도 주셨습니다

그 은사들은 우리에게 주신 은혜에 따라 주셨습니다 그러므로

누구든지 예언의 은사를 가지고 있으면 믿음의 비율에 따라

예언을 하십시오 누구든지 목회하는 은사를 가지고 있으면 목양에

힘쓰십시오 누구든지 가르치는 은사를 가지고 있으면 가르치는

일에 힘쓰십시오 누구든지 권위의 은사를 가지고 있으면 친절하게

권하십시오 누구든지 구제하는 은사를 가지고 있으면 기쁜 마음으로

구제하십시오 누구든지 섬기는 은사를 가지고 있으면 열심으로

섬기십시오 사랑으로 서로 섬기십시오" (엡 4:11-16)

"몸은 한 몸에 많은 지체가 있어 모든 지체가 같은 기능을 하지

아니하되 손은 손과 다투지 아니하고 발은 발과 다투지 아니하며

다만 서로 지체를 돌보아 서로 덕을 세우나니 만일 한 지체가 고통을

받으면 모든 지체가 함께 고통을 받고 한 지체가 영광을 얻으면 모든

지체가 함께 기뻐하나니" (고전 12:4-11)

성찰적 질문

1. 코칭을 사역에 접목하기 위해 어떤 노력을 했는가?
2. 코칭을 통해 사역에 어떤 변화가 일어났는가?
3. 코칭을 통해 다음 스텝을 어떻게 준비했는가?

이 질문들에 대한 답변을 통해 여러분은 코칭을 어떻게 사역에 접목할 수 있는지에 대한 통찰력을 얻을 것이다. 또한 코칭이 사역을 활성화시키고, 리더들을 훈련시키고, 선교사들을 세우는 데 효과적인 도구가 될 수 있음을 확인하게 된다.

버디코칭 프로젝트에 헌신하다

GCLA는 코로나 팬데믹으로 인해 어려움에 처해 있는 선교사님들을 위해 무엇을 할 수 있을까? 함께 고민하며 기도했다. 그리고 우리가 잘할 수 있는 '코칭'을 통해 선교사님들을 섬기기로 결정했다. GCLA는 선교사님들을 섬기기 위해 무료로 "버디코칭 프로젝트"를 시작했다.

"버디코칭 프로젝트"는 선교사들을 크리스천 코치로 양성하기 위한 특별 프로젝트다. 이 프로젝트는 2021년 여름부터 2023년 9월까지 10차에 걸쳐서 진행되었고 그동안 전 세계에서 약 300명 이상의 선교사들이 참여했다. 그리고 지금은 약 50여 명의 선교사들이 GCLA란 이름으로 코치전문자격증을 취득하여 현재는 전 세계에 흩어져 크리스천 프로코치로 사역하고 있다.

"인자가 그 영광의 보좌에 앉으신 때에 그 앞에 모든 민족을 모으리니
각각 그 행한 대로 심판하리라 그때에 그가 오른편에 있는 자들에게
이르시되 내 아버지께 복받을 자들이여 나아와 창세로부터 너희를
위하여 예비된 나라를 상속하라 내가 주릴 때에 너희가 먹을 것을
주었고 목마를 때에 마시게 하였고 나그네 되었을 때에 영접하였고
헐벗었을 때에 옷을 입혔고 병들었을 때에 돌보았고
옥에 갇혔을 때에 와서 보았느니라." (마 25:31-46)

"우리의 몸은 한 몸에 많은 지체가 있어 모든 지체가 같은 기능을
하지 아니하되 손은 손과 다투지 아니하고 발은 발과 다투지
아니하며 오직 서로 지체를 돌보아 서로 덕을 세우나니 만일 한
지체가 고통을 받으면 모든 지체가 함께 고통하고 한 지체가 영광을
얻으면 모든 지체가 함께 기뻐하느니라." (롬 12:4-8)

성찰적 질문

1. 버디코칭 프로젝트에 숨겨진 선교사를 향한 메시지는 무엇
   일까?
2. 버디코칭 프로젝트를 통해 선교사님들에게 어떤 도움을 주
   고자 했는가?
3. 버디코칭 프로젝트가 선교사님들에게 어떤 영향을 미쳤다
   고 생각하는가?

이 질문들의 답변들을 통해 우리는 타인을 섬기는 것은 하나님의 뜻
이며 타인을 섬기는 것은 우리의 삶을 풍요롭게 만든다는 것을 배우게 된

다. 또한 선교사는 자신의 목적을 이루기 위해 살아가는 사람들이 아니라 하나님 나라 확장을 위해 함께 손잡고 동역해야 하는 사람들이라는 사실을 발견하게 된다.

코칭선교사를 기대한다

이제 GCLA는 또 한 번의 도전을 하려고 한다. 평신도 선교사의 시대, 4차 산업혁명 시대, 변혁적 리더십 시대에 걸맞은 전문인 선교사 즉 코칭선교사를 양성하려고 한다. 코칭선교사를 양성하려는 이유는 다음과 같다.

1. 코칭을 통해 하나님의 나라를 확장하기 위해서

코칭은 타인의 잠재력을 발견하고 발휘하도록 돕는 과정이다. 따라서 코칭을 통해 타인들이 자신의 삶의 목표와 가치를 발견하고 그 목표와 가치를 달성하기 위해 노력하도록 돕는다면 하나님의 나라가 확장될 것이다.

2. 코칭을 통해 선교사들의 역량을 강화하기 위해서

코칭은 선교사들이 자신의 강점과 약점을 이해하고, 사역을 효과적으로 수행할 수 있는 역량을 개발하는 데 도움된다. 따라서 코칭선교사를 양성한다면 선교사들이 더 효과적으로 사역을 수행하고 더 많은 영혼을 구원할 수 있을 것이다.

3. 코칭을 통해 선교사역을 활성화하기 위해서

코칭은 리더십 개발, 팀 빌딩, 조직 변화 등 다양한 분야에 활용될 수 있다. 따라서 코칭선교사를 양성한다면 선교 사역의 효율성과 효과를 높일 수 있을 것이다.

구체적으로, 코칭선교사는 다음과 같은 역할을 수행할 수 있다.

1. 리더들을 코칭 하여 리더십 역량을 강화한다.
2. 팀원들을 코칭 하여 팀워크를 강화한다.
3. 현지인들을 코칭 하여 선교 사역을 활성화한다.
4. 코칭선교사를 양성함으로써 하나님의 나라를 확장하고, 선교사들의 역량을 강화하며, 선교 사역을 활성화하는 데 기여한다.

"그러므로 너희는 가서 모든 민족을 제자로 삼아 아버지와 아들과 성령의 이름으로 세례를 베풀고, 내가 너희에게 명령한 모든 것을 가르쳐 지키게 하라 내가 세상 끝날까지 너희와 항상 함께 있으리라"

(마 28:19-20)

"오직 성령이 너희에게 임하시면 너희가 권능을 받고 예루살렘과 온 유대와 사마리아와 땅 끝까지 이르러 내 증인이 되리라 하시니라"

(행 1:8)

성찰적 질문

1. 코칭선교사의 필요성을 느끼게 된 계기는 무엇인가?
2. 코칭선교사를 통해 이루고 싶은 목표는 무엇인가?
3. 하나님께서 원하시는 코칭선교사의 모습은 어떠할까?

이 질문들에 대한 답변으로 우리는 선교는 하나님의 명령이라는 것을 확인하며 하나님은 성령의 능력으로 선교를 감당하게 하신다는 것을 발견하게 된다. 또한 우리가 왜 코칭선교사가 되어야 하는지, 이 시대가 왜 코칭선교사를 요구하는지에 대한 통찰력을 얻게 된다. 코칭선교사를 통해 세계 열방이 주께 돌아오고, 하나님 나라가 더욱 확장되기를 기대한다. 이 글을 통해 우리 모두가 하나님의 명령을 따라 코칭선교사로 나설 수 있기를 바란다.

 선교적 코칭질문

1. 지금 서계신 곳은 본래 원하던 곳에서 얼마나 거리가 먼 곳일까?
2. 하나님께서 주신 비전으로 되돌아가기 위해 무엇을 하고자 하는가?
3. 비전을 향해 가실 때 코칭은 어떠한 도구일까?
4. 그렇다면 코칭으로 무엇을 할 수 있는가?
5. 코칭선교사가 된 뒤 첫 질문은 과연 어떠한 것일까?

12

봄날의 왈츠 코칭 행진곡

유재연 코치

가곡 〈봄날의 왈츠〉는 겨우내 죽은 듯 고목처럼 서 있던 나무였는데 봄날이 되자 새싹이 돋고 햇순이 나와 점점 푸르러가는 나무와 자연의 신비함에 비추어 연인의 애틋한 사랑을 감미로운 선율에 실어 노래한다.

"이슬비가 소리 없이 마음 감싸 안고 실바람이 살랑살랑 사랑을 훔치네
그리움이 물결 되어 그대를 향하고 아지랑이 아른아른 마음을 흔드네
사랑하는 이 마음 바람은 아는지 오늘도 그대 모습 그려내고 있네요
설레이는 이 마음 물결은 아는지 오늘도 그대 모습 그려내고 있네요
마른 나무 그리운 새싹이 돋네요 흔들리는 저 나무 사랑이 돋네요"

〈봄날의 왈츠〉, 이원필 작사, 이웅 작곡/편곡

선교사로 부르시다

25년 전 겨울이었다. 약 30대 후반이 되었을 때 대학생 청년들과 팀이 되어 웨일즈 단기 선교 훈련에 참여했다. 훈련이 얼마 지나지 않아 선교사로 콜링(Calling)을 받고 국제전화를 걸어 아내에게 무작정 선교사로 떠날 준비를 하자고 했던 기억이 새롭다. 선교 훈련은 두 달 동안 영국 웨일즈와 런던, 프랑스 루베, 그리고 모로코 마라케시까지의 여정이었다. 프랑스 루베의 어느 교회에서 예배와 찬양 기도 중에 한 분이 주님께 받은 나에게 주신 말씀이라며 바로 백향목 말씀을 주셔서 선교사 콜링의 확신을 더해주셨다.

> "이스라엘 높은 산에 심으리니 그 가지가 무성하고 열매를 맺어서
>
> 아름다운 백향목이 될 것이요 각종 새가 그 아래에 깃들이며
>
> 그 가지 그늘에 살리라"(겔 17:23)

성경에서 가장 많이 언급되는 나무는 백향목으로 구약 성경에 70여 회 나타난다. 동물의 왕이 사자라면 수목의 왕은 아마도 백향목일 것이다. 백향목은 소나무과에 속하는 상록수 종으로 이 나무의 목재에서는 좋은 향기가 난다. 또한 나무 성질이 곧고 가공이 편리하며 잘 썩지 않고 해충에도 잘 견디는 편이다. 이러한 장점 때문에 백향목은 신전이나 왕궁 혹은 배를 만드는 데 사용했다. 40m 정도의 높이로 자라기 때문에 다윗 왕과 솔로몬 왕은 성전과 궁궐을 건축하기 위해 많은 양의 레바논 백향목을 사용했다. 백향목은 성경에서 '힘'과 '영광' 그리고 '호화로움'의 상징이며 '의인'의 상징이기도 하다.

"의인은 종려나무같이 번성하며 레바논의 백향목같이 성장하리로다"

(시 92:12)

백향목의 거목 이미지와 더불어 그 나무 그늘이 각종 새들에게 쉼터가 되는 모습이 무척 마음에 와닿았다. 세상에서 버림받아 외롭고 지친 영혼들에게 영적인 쉼터가 되어주는 영적 거목의 모습으로 선교사의 사명을 마음속에 그려보게 되었다. 나무와 새들의 깃들임 비유는 성경 여러 곳에서 찾아볼 수 있다. 예수님의 천국 비유 가운데 겨자씨 비유가 대표적이다.

인생은 한 그루 나무와 같다. 푸른 나무, 마른 나무, 높은 나무, 낮은 나무, 잎이 무성한 나무, 열매가 풍성한 나무 등등. 어린 묘목에서 웅장하고 찬란한 나무까지 성장에는 하나님의 손길이 반드시 필요하다.

"들의 모든 나무가 나 여호와는 높은 나무를 낮추고 낮은 나무를

높이며 푸른 나무를 말리고 마른 나무를 무성하게 하는 줄 알리라

나 여호와는 말하고 이루느니라" (겔 17:24)

오래전에 나무와 새들 깃들임의 쉼터 비유 말씀을 통해 나를 선교사로 부르신 주님은 오늘 다시 코칭을 통해 선교 사명과 비전으로 부르고 계심을 새롭게 깨닫게 되었다.

코치로 부르시다

GCLA 버디코칭스쿨을 통해 처음으로 코칭을 접하고 코칭의 매력에 흠뻑 빠져들었다. 드디어 프로코치가 되면서 코칭은 나의 사역과 삶의 중요한 일부가 되어갔다. 매주 정기적인 코칭 실습과 코칭 학습을 통해서 코치로서 성품과 코칭 철학의 중요성을 배워가고 있다. 경청과 질문, 피드백의 비교적 단순한 과정처럼 보이는 코칭의 프로세스는 코칭 철학과 코칭 패러다임을 기본으로 하고 있다. 코치는 피코치의 무한한 잠재력을 신뢰하고 피코치를 주인공으로 인정하여 격려, 칭찬, 존중함으로 피코치 스스로 성장하고 변화하도록 돕는 코치의 파트너(partner) 역할에 최선을 다하는 섬김의 리더십에 탁월해야 한다.

최근엔 크리스천 코칭에 대해 더욱 집중하면서 코치의 영성이 매우 중요하다는 점을 깨닫게 되었다. 일반 코칭은 피코치와 코치의 만남과 대화 프로세스인 반면에 크리스천 코칭은 피코치, 코치, 성령님의 역동적 만남과 대화로 진행된다. 그러하기에 코치로서 성령님의 음성에 민감하지 못하다면 크리스천 코칭이 성공하기 어렵다.

현재는 목회 사역 현장에 코칭을 적용하면서 코치로서 나 스스로에게서 그리고 교인들에게서 많은 변화들을 경험하고 있다. 코치로서 사람들과의 만남에 기대와 설렘이 있고 흥분이 있다. 내 마음은 누구를 만나든지 오늘 만남에 어떤 감동과 변화와 소망이 일어날지 기대감으로 벅차오른다. 오늘은 어떤 지지와 격려와 응원으로 만나는 나의 주인공에게 기쁨과 위로와 행복과 자긍심을 느끼게 해줄 수 있을지 생각하면 나의 마음도 행복감으로 가득 차오른다.

코칭선교사로 부르시다

　팬데믹 이후 GCLA의 새로운 비전 중의 하나는 코칭선교사를 배출하는 것이다. 한국 교회를 깨우고 세계 선교를 새롭게 업그레이드하기 위한 GCLA의 야심찬 프로젝트에 힘찬 격려와 응원을 보낸다. 오늘도 세계 방방곡곡에선 자신의 외로움과 상처, 아픔, 고통을 들어달라고 울부짖는 영혼들의 함성이 들려온다. 코칭선교사의 새로운 부르심이 필요한 시점이다. 이제 선교 현장에서 경험하고 있는 크리스천 코칭 사역의 일부를 소개함으로 코칭선교사의 새로운 필요성과 비전과 소망을 나누어보려고 한다.

방문자 사역에서

　현재 담당하고 있는 하노버교회는 한국 최초 개신교 선교사로 27세에 평양 대동강 변에서 순교한 로버트 토마스(Robert Thomas) 선교사를 파송한 교회다. 해마다 수백 명의 한인 성도들이 방문하는데, 개인으로, 가족으로 혹은 그룹으로 많은 한국 교회에서 다양한 형태로 이곳을 찾아온다. 이분들에게 때로는 10여 분 혹은 20~30분 동안 교회와 토마스의 생애를 설명해준다. 그리고 몇 가지 질문을 하고 피드백으로 격려하고 기도한다.

　최근에도 10여 명의 중고생과 교사분들이 방문해서 토마스의 생애를 소개한 후 질문을 통해 반응을 들었다. 청년 교사분은 토마스 생애를 들으니 가슴이 뛰고 토마스가 설교했던 강단에서 기도하니 성령님의 임재로 충만하고 흥분과 전율이 온몸에 느껴졌다고 고백했다. 하노버교회를 방문하는 분들이 성령의 감동과 성령의 임재를 가슴 뜨겁게 경험할 수 있도록 돕는 질문들을 소개하면 다음과 같다.

성령 임재의 질문

1. 탄광 도시, 광부의 나라 웨일스의 무엇이 세 번의 큰 부흥을 임하게 했을까?

2. 작고 소박한 시골 마을 하노버교회에서 토마스 선교사를 배출한 까닭은 무엇일까?

3. 토마스 선교사는 목사인 아버지로부터 어떤 신앙을 물려받았다고 생각하는가?

4. 토마스 선교사를 통해 배우게 되는 선교 스피릿은 무엇인가?

5. 토마스 선교사의 순교 소식을 들은 부모님의 반응은 어땠을까? 상상해보라.

6. 토마스 선교사의 선교 열매인 나는 오늘 선교를 위해 무엇을 결단할 수 있을까?

7. 내가 토마스라면, 내가 그의 아내 캐롤라인이라면, 오늘 나는 선교를 위해 무엇을 희생할 수 있는가?

위의 질문들과 함께 선교 방문자들에게 격려와 지지, 응원의 피드백도 매우 중요하기에 몇 가지 예를 들어본다.

지지와 격려의 피드백

1. 부흥의 땅 웨일스, 부흥의 원산지 웨일스를 방문한 여러분은 세계를 품은 월드 클래스(World Class) 선교적 크리스천입니다.
2. 한국 교회의 영적 어머니 교회, 한국 교회의 영적 예루살렘, 하노버교회를 방문한 여러분은 가장 복받은 분들입니다.
3. 내가 토마스다! 내가 캐롤라인이다! 외치는 여러분에게 이 분들의 스피릿이 임할 것입니다.
4. 토마스 스피릿은 순교적 선교 스피릿인데 여러분 가문 가운데 토마스가 나오게 될 줄 믿습니다.

심방 사역에서

목회에서 성도들 심방은 코칭이 일어날 수 있는 최적의 사역 현장이라고 할 수 있다. 예를 들면 우리 교인들 가운데 A 성도는 50대 싱글 여성으로 건막류 통증, 불안 장애, 우울감을 가진 분이다. 반려견 토비를 키워 교회에 토비를 데리고 다녔는데 이번 여름 동안에 토비가 무척 자라고 거칠어져 다루기가 어려워 집에 두게 되었다. 교회를 자주 결석한 이유이기도 해서 집으로 찾아가 만나게 되었다.

그녀는 너무 많은 염려와 걱정, 근심, 두려움, 친구에 대한 불신, 미움으로 우울감이 매우 높은 상태였다. 모든 얘기의 주제는 친구에 대한 비난과 비판, 슬픈 감정으로 눈물을 글썽이며 애원하고 있었다. 몇 가지 질문들을 통해서 쾌활함과 자긍심을 되찾을 수 있었는데 소개하면 다음과 같다.

자긍심을 되찾게 하는 질문

1. 일어나지 않은 일들과 친구의 문제보다 당신 자신에게 집중해볼 때 지금 감정은 어떤 상태인가?
2. 지난주 일어났던 일들 가운데 긍정적이고 행복한 소식은 무엇인가?
3. 교회에서 당신이 매우 소중하고 사랑받고 있는 존재라는 말에 어떤 느낌이 오는가?
4. 반려견 토비는 집에 잘 있고, 돌보는 친구는 든든하게 지켜주는데 지금은 어떤 감정인가?
5. 암으로 투병 중인 친구를 심방해 위로하고 기도해줄 때, 당신 마음속에 어떤 감정이 밀려오는가?

이런 질문들과 더불어 마음껏 격려, 지지, 응원해줄 때, 그의 얼굴에 기쁨과 행복의 미소로 가득해져서 서로 함께 즐겁게 인사하고 헤어질 수 있었다. 격려, 지지, 응원의 피드백을 모아보면 다음과 같다.

지지와 격려의 피드백

1. 예수님 믿고 구원받은 당신은 참으로 복받은 사람이다.
2. 예쁜 반려견 토비가 있고, 자주 찾아와주는 친구가 있는 당신은 얼마나 복받은 존재인가!
3. 당신은 세상에서 최고로 행복한 사람이다.
4. 당신은 교회에 너무나 소중하고 귀중한 존재다.

5. 교회가 힘들 때 열정적으로 변호하고 위로하고 편지 쓴 당신은 정말 지혜롭고 현명한 변호사처럼 탁월하다.

6. 주일예배 시간에 교회 소식도 잘 전하고 각 사람의 상황을 자세히 살펴 기도하는 당신은 진정한 기도 용사다.

7. 당신은 정말 멋진 존재다.

교회의 한 자매와 그의 친구

말씀 기도 사역에서

주일 예배와 더불어 주중에 1회 정도 말씀 기도 모임을 가지고 있다. 이를 통해서 더욱 깊은 친교와 교제, 그리고 말씀 공부와 서로의 기도 제목을 나누고 뜨겁게 중보하는 시간을 가지게 된다.

말씀과 기도에 앞서 식탁 교제를 통해서 서로를 포용하는 따뜻하고 친밀한 공간이 만들어진다. 식사 후엔 디저트로 스폰지 케이크를 먹고 차와 커피를 마시며 푸근하고 안전한 환경이 되어 찬양을 시작한다. 찬양을 통해 성령님의 임재를 느끼며, 각자의 기도 제목을 나누고, 교회의 기도 제목을 놓고 돌아가며 기도하게 된다. 찬양으로 마음이 주님을 향하게 되고 기도로 서로의 마음을 주님께 아뢴다. 이제 말씀을 읽고 묵상할 시간이다. 말씀 나눔에서도 설교나 강의보다는 몇 가지 질문으로 묵상을 돕고 깨닫게 도와준다.

말씀 묵상 관련 질문

1. 이 본문은 누구에 관한 말씀인가?
2. 이 본문에서 가장 은혜가 되는 구절이나 낱말이 있다면 무엇인가?
3. 이 본문에서 주인공은 누구인가?
4. 내가 그 주인공이라면 어떤 감정이 들겠는가?
5. 이 본문을 통해 성령님께서 오늘 나에게 주시는 메시지는 무엇인가?
6. 이 말씀을 통해서 오늘 내가 실천하기로 다짐하는 내용은 무엇인가?
7. 오늘 내가 본문에서 깨달은 말씀으로 기도한다면 어떤 내용이 되겠는가?

예배 사역에서

영국 교회 목회에서 주일예배는 가장 중요한 사역 현장이라고 할 수 있다. 대부분의 성도들이 주일예배 한 번으로 그들의 신앙 생활을 유지한다고 할 수 있기 때문이다. 물론 믿음이 있는 성도들은 주중에 성경 공부나 기도 모임에 참여하지만 대부분 교회들이 목회자 부족으로 인해 주중에 모임을 만들기가 매우 어려운 형편이다. 그래서 주일 예배는 축제처럼 가장 행복하고 신나고 성령님의 임재로 충만한 예배가 되어야 한다. 뜨거운 찬송과 기도의 고백과 간증이 있고 예수 그리스도의 보혈과 우리의 헌신이 녹아 있는 예배가 되어 예배 참여자 모두 영의 양식인 하늘의 만나로 배불리 채움 받아 기쁨으로 예배 자리를 떠날 수 있어야 한다.

하노버교회는 아주 탁월한 성령의 사람, 찬양 인도자가 있다. 주님께서 보내주신 전문 음악인 리코더 연주자가 계신다. 모든 성도들이 예배에 적극적으로 동참하여 기도로, 특송으로, 헌금으로, 교회 소식으로 봉사한다. 매달 1회 첫 주엔 성찬식 예배를 드려서 성도들은 주님의 피와 살을 기념하며 깊은 연대감으로 하나가 된다. 종종 교회를 방문한 분들과 함께 주일예배를 드리며 성령님의 뜨거운 임재를 체험하곤 한다.

지난여름에 미국 한인교회 기도 사역 팀이 우리 교회를 방문해 함께 예배드렸다. 예배 후 친교 시간에 성도들 한 분 한 분을 위해서 뜨겁고 열정적으로 성령님과 더불어 치유 기도를 정성껏 해드렸다. 몇 달 후 놀라운 소식을 듣게 되었다. 우리 찬양 인도자와 그때 처음 우리 교회에 방문했던 자매가 약혼을 했고 내년에 결혼을 한다고 발표했다. 정말로 신비롭고 기적 같은 기도의 열매 소식이다. 하나님은 교회를 통해서 예배와 기도와 찬양 속에서 우리와 함께 계시고 역사하시고 일하시고 계신다. 주님의 위대하심을 노래하며 찬양드린다.

기도 열매 커플과 함께

GCLA 프로 코치인 내가 매우 자랑스럽다. 나는 코칭 선교 사역이 매우 만족스럽고 행복하다. 크리스천 코치로서 말씀을 묵상하며 기도하며 항상 성령님께 귀를 기울이고 살아가려고 한다. 웨일스에 선교사로 나를 보내신 주님은 코칭의 신무기를 탑재하고 코칭선교사로 비상하기를 원하신다.

코칭으로 인간의 모든 문제를 해결할 수 없지만 공감적 경청과 파워풀한 질문과 격려, 지지, 응원의 피드백을 통해서 마른 나무처럼 시들어가는 영혼들을 깨워주고 행복한 미소를 되찾게 할 수 있다고 확신한다. 한 사람이라도 좋다. 눈빛, 미소가 사라진 메마른 얼굴에 만남의 축복으로 코칭의 마법에 걸려 성령님의 숨결로 그 영혼이 살아나는 순간을 기대하며, 꿈을 꾸며 웨일스에서 오늘도 힘차게 봄날의 왈츠처럼 노래하며 코칭의 깃발을 높이 흔들며 행진한다.

선교적 코칭질문

1. 바다와 같은 인생의 여정을 당신은 어떻게 항해하고 있는가?
2. 험난한 그 항해의 길에서 누구를 의지하고자 하는가?
3. 주님이 당신을 코치로서 부르신다면 무엇이라 응답하겠는가?
4. 인생 최고의 코치인 주님의 옆에 선 당신, 당신은 대체 누구인가?
5. 코칭선교사로의 첫 발걸음을 어떻게 준비하고자 하는가?

Memo

13
서북미를 깨우는 코치들

줄리아김 코치

코칭의 본거지 밴쿠버

캐나다의 서쪽을 바라보면 아름다운 도시가 펼쳐지는데 이곳이 바로 '밴쿠버'라는 큰 도시다. GCLA 국제대표로 섬기고 있는 피터정 코치와 더불어 2007년부터 시작된 북미에서의 코칭 바람은 오리건주 포틀랜드를 중심으로 한국과 필리핀으로 옮겨졌고, 2011년부터는 밴쿠버로 거주지를 옮긴 뒤 크리스천 리더십 훈련을 중심으로 점차 북서부에 코칭의 뿌리를 심기 시작했다. '워킹험블리 연구소'로 시작된 사역은 '코칭한국'을 거쳐 지금의 'GCLA'로 명명하면서 그 사역의 중심을 온전히 코칭 리더십으로 집중하게 되었다.

밴쿠버 지역을 중심으로 크리스천 코치를 양성하면서 코칭 훈련을 통해 많은 리더들을 만나고 있는데 그중에서 특별한 위치에서 놀라운 사역을 하고 계시는 3인의 코치형 사역자들의 존재를 발견했다. 이들은 단순한 대화 중심형 코칭을 넘어선 탁월한 코칭형 리더십을 통해서 사역하고 있다. 하나님께서 어떻게 이들 코치형 사역자들을 통해 밴쿠버를 변화시키고 계시는지 함께 나누고자 한다.

뉴웨스트민스터의 아침

캐나다 서부 최초의 도시인 뉴웨스트민스터(New Westminster)에서는 매주 수요일마다 리버 마켓(River Market)이라는 곳에 많은 이들이 모이고 있다. 이곳은 고풍스러운 분위기는 물론이고 역사적인 건물이 가득한 거리가 펼쳐져 있다. 이곳에서 열리는 이 모임은 바로 서부 캐나다 지역에서 크리스천 사역을 하는 선교사와 목회자 중심으로 구성된 파워풀한 '밴쿠버 목회자 기도회'다. 이 사역은 밴쿠버 최고의 선교사 중의 한 명인 남상국 코치를 중심으로 펼쳐지고 있다. 40년간 현장 목회를 이끌어왔으며 지금은 후배 사역자들을 위해 열정적으로 코칭형 선교사로서 그 기도회를 섬기고 있다.

리버 마켓 바로 옆을 흐르는 프레이저 강

코칭은 철저하게 피코치의 목표를 성취할 수 있도록 돕는 과정이다. 이는 섬김의 리더십 없이는 절대로 이루어질 수 없으며 동시에 모든 21세기의 핵심 리더들이 갖추어야 할 강력한 리더십이다. 이러한 코칭은 기업과 가정은 물론이고 교회를 비롯해서 이제는 선교지에서도 적용될 수 있는 리더십으로 자리매김하고 있다.

특히 크리스천 코칭은 하나님께서 각 사람에게 이미 주신 잠재력을 개발하여 하나님 나라에 영광을 올리게끔 피코치에게 공감하고 지지하며 임파워링 하기를 멈추지 않는다. 예를 들어, 신약 성경에 나오는 바나바가 가장 탁월한 신약 시대의 코치임에는 틀림없다. 그는 위로자 혹은 권면자라는 뜻을 가진 이름을 가졌으며 다른 이들이 바울의 가치를 알아보지 못했을 때 이미 그를 세우고 있었던 변혁적 리더십을 가진 리더였다.

이러한 바나바 못지않게 밴쿠버의 전형적인 파워풀한 코치형 리더인 남상국 코치 또한 기도를 통해 수많은 사람들을 세우는 전형적인 권면자이자 격려자임에 틀림없다. 늘 파워풀한 질문을 던지고 적극적인 피드백을 전해주기를 즐겨 하는 유형으로 여러 현장을 몸소 그의 제자들과 함께하고 하루도 쉬지 아니하고 평생에 걸쳐 그들을 코칭하며 하나님 나라를 어떻게 확장하는지를 몸소 보여주는 파워풀한 코치로서의 삶을 살아가고 있다.

유능한 코치는 관계성에 민감하다고 한다. 왜냐하면 타인의 삶에 대해서 관심 없는 이들은 절대로 유능한 코치가 될 수가 없기 때문이다. 그래서 코칭을 다른 말로 표현한다면 '관계'라고 표현할 수 있다. 이는 조직을 이끌고 있는 어떠한 리더가 코칭의 첫 과정인 라포의 중요성을 매우 잘 알고 있다는 뜻이다. 단순히 몇 단어 혹은 문장을 이용하여 라포를 맺는 것이 아니라, 코치의 전반적인 삶을 통해서 피코치의 변화를 이끌어내는 힘을 가지고 있기 때문이다. 또한 코칭을 통해서 피코치에게 줄 수 있는 최고의 선물은 바로 그 피코치들과의 인격적인 만남인데, 이러한 풍성한 관계와 인격적 만남을 사역의 중심에 놓은 이가 바로 남상국 코치다.

밴쿠버의 청년들을 위한 특별 기도회의 모습

뉴웨스트민스터에서 아침마다 울려 퍼지는 그들의 함성은 주변을 변화시키고 그 도시 전체를 위로하는 파워가 있다. 특별히 오늘날과 같이 급변하는 사회 속에서는 가르치는 유형의 리더보다는 삶을 통해서 나누고 또한 각 사람들의 가치관을 존중하며 그들이 진정으로 하나님의 귀한 도구로서 쓰임 받을 수 있도록 이끌 수 있는 리더가 진실로 필요한 때다. 이를 위해서는 변화를 두려워하지 말아야 하는데, 이 기도회의 멤버들은 진정으로 기도를 그리고 도전을 성공을 위한 자산으로 여기고 하나님께 온전히 맡기면서 놀라운 코칭의 기적들을 보여주고 있는 산증인의 삶을 살고 있다.

혹시 여러분 주위에는 먼저 전화해주고 또한 먼저 기도해주는 친구가 있는지 궁금하다. 남 코치는 공동체에 민감함을 가지고 있으며 각 구성원들을 귀하게 섬기는 리더십을 늘 장착하고 있다. 그래서 이곳에 속한 이들은 스스로가 변화할 수도 있지만 그의 리더십을 통해 가장 큰 변화를 하고 있다고 한다. 이렇게 살아서 움직이는 그의 코칭은 오늘도 밴쿠버 전역에 놀라운 변화를 가져오고 있다.

홀리윈 축제

어김없이 매년 10월이 되면 거리엔 핼러윈 날을 기념하려 많은 이들이 특별 의상을 입고 집집마다 방문하여 'Trick or Treat(장난 아니면 간식)!'을 외치면서 사탕이나 초콜릿을 요구하는 문화가 있다. 이 행사는 현재 크리스천들의 문화와는 가장 거리가 먼 세상적 문화 행사 중 하나가 되었다. 하지만 서리(Surrey)시를 중심으로 한 밴쿠버 전역에서 올해부터 '홀리윈 데이(Hollywin Day)'로 그날을 지정한 단체가 있다. 바로 밴쿠버에서 시

밴쿠버 시온성가대와 지휘자 스테파니 정 선교사

작해 전 세계의 구석구석까지 달려가 천사의 찬양과 예배를 올려드리는 '밴쿠버 시온성가대'다.

유능한 코치는 성령에 민감하다고 말한다. 크리스천 코치들은 피코치의 내면 깊숙이 들여다볼 수 있는 힘이 있어야 한다. 다시 말해서, 단순하게 습관이나 행동의 변화를 돕거나 혹은 표면 바로 아래 위치해 있는 감정의 문제를 돕는 감정 코칭을 말하는 것이 아니다. '내면을 바라본다'는 의미는 피코치가 스스로 자신의 열정과 하나님께서 허락하신 비전을 발견하게 돕는다는 의미다. 그러기 위해서는 훨씬 더 깊은 마음의 바다로 들어가야 할 것이다. 이러한 코칭을 하고자 하는 코치는 인간의 지혜가 아닌 성령 하나님과 함께하는 코칭 사역을 꿈꾸어야 할 것이다. 왜냐하면 그가 모든 코칭 세션은 물론이고 피코치의 삶에 있어서도 온전한 안내자로서 그 피코치를 가장 잘 알고 계시기 때문이다.

이와 같이 피코치를 향한 마음의 치유와 하나님과의 회복을 위한 길에는 '찬양'이라는 귀한 도구가 있다. 하나님의 창조와 구원의 은혜 가운데서 살아가는 성도들은 마땅히 하나님께 찬송하며 살아야 하는 것이 아닌가? 즉 하나님을 영화롭게 하며 그의 은혜 가운데서 내 자신뿐만 아니라, 타인들에게 삶의 기쁨을 전해주는 삶을 사는 이들이 진정한 크리스천 코치일 것이다.

시애틀이 위치한 워싱턴주에는 브레머튼 고등학교가 있다. 이곳 학교의 풋볼 팀 부코치인 조 케네디(Joe Kennedy)는 경기가 끝난 후 매번 구장의 한복판에서 공개적으로 기도해 논란을 일으켰고 그 이유로 해고까지 되었다. 하지만 최근 연방 대법원에서 승소한 뒤 해고당한 지 8년 만에 다시 경기장에서 기도를 하게 되있다. 그에게 있어서 기도는 성령께 온전히 의존하는 코칭의 한 장면일 것이다.

이에 못지않게 밴쿠버 시온성가대를 이끌고 있는 스테파니 정 선교사는 새벽을 기도로 깨우며 인내하는 코치의 모습을 온전하게 보여준다. 그의 삶에는 어김없이 출애굽기 15장의 모습처럼 홍해를 건넌 후 첫 찬양을 드리듯이 그렇게 하루를 시작한다. 하나님의 구원에 감격하여 홍해를 건너자마자 모세와 이스라엘이 찬양하는 그 모습처럼 사역과 삶의 시작을, 그러한 감격을 기억하며 미명에 기도로써 하루를 시작하는 코치다.

기도하고 인내하는 전형적인 성령 중심의 스테파니 정 선교사

진정한 코치는 인내하는 코치라고 할 수 있다. 다른 어느 직업에 있는 사람들보다 강한 인내력을 가지고 피코치의 상황과 말에 경청하며 가치 중립적인 언어를 구사하는 이들이다. 정 선교사는 이러한 면에서 늘 겸손으로 경청하고 인정을 포함한 칭찬을 즐겨하여 코치형 리더로서의 영향력을 끼치고 있다. 또한 피코치들의 감정을 관찰하기보다는 그들을 위한 심리적 안전지대를 제공하는 데 탁월한 능력을 가지고 있으며 어떠한 이야기를 들어도 수용함은 물론이요 흔들리지 아니하는 담대함 또한 가지고 있다. 이러한 탁월한 코치로서의 능력은 오랜 기간 동안 훈련을 통해서 가능한 일들이었고 앞으로도 인내함을 바탕으로 찬양하는 코치로서 주님의 손을 붙잡고 열심으로 달려갈 것이라 한다.

오병이어의 기적

캐나다 밴쿠버 시내의 한복판에는 '헤이스팅스(Hastings)'라고 불리는 거리가 있다. 양쪽으로 펼쳐진 길 위에는 마약으로 찌든 원주민 노숙자들이 거리를 메우고 있는 풍경이 펼쳐진다. 이곳에 드보라 첸이라 불리는 한 리더가 이끄는 '토기장이집 선교회(Potter's Place Mission)' 단체가 1년 365일 동안 쉼도 없이 이들을 돕는데 뜨거운 사랑과 코칭으로 그들을 치유하고 있다.

이곳 헤이스팅스 거리는 삶의 터전을 빼앗기고 굶주림과 마약 그리고 알코올과 매춘 등에 찌들어 하루하루를 연명해가고 있는 원주민 빈민자들이 모여 있는 곳으로, 25년이 넘도록 이들을 복음 안에서 변화시키고 하나님의 일꾼으로 성장할 수 있도록 돕고 있다.

토기장이집에서 진행되는 점심식사　　　**헤이스팅스 거리의 젊은 선교사들**

현재는 주된 코칭의 기술로서 공감적 경청과 파워풀한 질문을 중심으로 이루어지는 접근법이 전형적인 코칭의 방법으로 알려져 있다. 하지만 피코치의 유형에 따라서 그 접근법은 당연히 많은 변화를 보이고 있다. 예를 들어, 헤이스팅스 거리에서 사역하는 드보라 첸 선교사가 주로 사용하고 있는 코칭은 보다 적극적인 피드백 유형이다. 보통 긍정적인 피드백(75%)과 건설적인 피드백(25%)을 적절하게 사용하는 것이 일반적인 코칭에서의 권장 사항인데, 이곳에서는 피코치들에게 교정적이면서 건설적인 피드백이 50% 넘게 차지하고 있다. 물론 그들 자신은 물론이고 삶을 새롭게 세우기 위해서 끊임없는 격려와 지지 그리고 긍정적인 분위기는 참으로 아름다울 정도다.

특별히 GCLA에서도 원주민 청년들을 위한 코칭 프로그램으로 함께 사역을 진행하면서 위기의 원주민 청소년들에게 삶을 바라보는 새로운 시각을 제공하는 것은 물론이고 성령의 적극적인 개입으로 인해 완전히 삶을 바꾸어가는 기적들도 체험하고 있다. 이러한 원주민 청소년들을 향한 선교사들의 지원이 없어서 지금도 늘 밴쿠버를 중심으로 사역할 한국인 선교사들을 찾고 있는 중이다.

교차문화 환경에서 코칭이 사용될 경우에는 확실히 탁월한 열매를 맺는 경우가 많은 것 같다. 서로의 문화가 다른 이들이 함께 사역을 하거나 혹은 사역의 대상이 완전히 다른 문화적 배경을 가지고 있을 경우에도 코칭이란 도구는 탁월한 결과를 늘 가지고 온다. 토기장이집 선교회에서

마약과 자살 등으로 삶의 고통 속에 있는 원주민 청소년을 위한 사역

는 청년들을 위한 코칭적 접근방식의 성경 공부는 물론이고 그 외 다양한 프로그램들이 있다. 이러한 프로그램들을 접근하는 방법으로는 코칭리더십을 채택하여 적극적으로 활용하고 있는 중이다.

토기장이집 단체는 매년 부활절, 추수감사절 그리고 성탄절과 같은 날에는 배고픔에 신음하는 2천 명이 넘는 사람들에게 식사를 제공하고 있다. 또한 비록 마약으로 찌들어 있을지라도 그들을 향해 예배와 바이블 스터디 또한 쉬지 아니하고 사랑으로 제공하고 있다. 이러한 일은 탁월한 코칭적 리더십을 갖추지 않는다면 아마도 불가능할 것이다. 만일 당신이 하나님의 사역이 놀랍게도 펼쳐지고 있는 이 헤이스팅스 거리를 방문하게 된다면 이 글보다도 더 생생한 모습들을 직접 경험하게 될 것이다. 이에 토기장이집 선교단체 캐나다로 와서 인디언 청년들을 섬길 한국인 선교사를 구하고 있다. 이에 관심을 가진 이들이 있다면 서구 문명 가운데 아직도 복음을 찾고 있는 이들을 위해서 문을 두드려 보길 원한다.

방송으로 코칭하다

사람들은 오랫동안 여러 가지 모양으로 삶을 살아오면서 자신만의 문화를 견고하게 쌓고 살아가는 경향이 있다. 그러한 가운데서 오늘도 전 세계에서 활동하고 있는 사역자들은 자신만의 방식으로 앞에 닥친 문제를 풀어가곤 할 것이다. 하지만 내 앞에 있는 피코치를 위해서 겸손과 인내 그리고 탁월한 경청과 파워풀한 질문으로 그를 격려하며 새로운 하늘의 일꾼으로 세워나가길 소망한다.

개인적으로는 캐나다에서 코칭학 석사를 공부한 뒤 1대1 코칭은 물론이고 칼럼과 방송을 통해서 코칭의 문화를 전하고 있다. 특히 크리스천 선배들의 유산과 성장의 이야기를 스토리텔링을 통해서 전달하는 GBS 글로벌복음방송에서 방송 선교사로서도 활동하고 있다. 전 세계의 곳곳에서 하나님의 귀한 일꾼으로 살아가고 있는 신앙의 선배들을 찾아가 그들의 아름다운 믿음의 삶을 부드러운 글과 방송으로 풀어내면서 하나님께서 얼마나 코칭이란 문화를 그들의 삶 속에 깊이 새겨두었는지 알 것 같다.

지금 시대는 절대적으로 스토리텔링을 원하고 있다. 특히 나의 삶이 아닌, 피코치의 삶을 스토리텔링 함으로써 그들 스스로가 자신들의 삶의 이야기를 바꾸어 쓰고자 하는 열망이 있음을 발견해야 할 것이다. 라디오와 온라인 방송을 통해서 전해지는 그들의 삶을 변화시키는 성령님의 아름다운 동행은 크리스천 코칭에 엄청난 힘이 되고 있다. 크리스천 코칭의 특징은 스토리텔링의 저자가 실은 개인이 아닌 바로 성령님 그 자신이라는 것이다. 이 사실을 알게 될 때 비로소 피코치들을 스스로의 삶이 얼마나 귀한 것인지를 다시 깨닫게 되고, 정체성이 바뀌게 되며, 동시에 하나

코칭선교사로서 의미 있는 삶의 발자취

님과의 관계 회복을 다시 할 힘을 얻게 되는 것이다. 이렇게 코칭으로 매주 한 편의 스토리텔링을 통해 계속해서 하나님께서 진정으로 사랑하시는 피코치들의 삶 속에 전하고자 한다.

앞으로 더 많은 피코치들을 만날 것이라 확신한다. 과연 "내가 그들에게 무엇을 전할 수 있을까?" 하고 고민을 한 적이 많다. 여러 가지를 선물로서 전해줄 수 있는데 그중에서도 삶을 다른 각도에서 바라볼 수 있는 패러다임 체인저가 되어주고 싶다. 그래서 밴쿠버를 중심으로 내가 만나게 될 피코치들이 단순하게 그들의 삶이라는 울타리 안에 머물면서 그 안에서 문제를 풀고자 하기보다는 그들의 안전지대를 벗어나도록 인도하고 싶다. 그로 인해서 지금까지는 시도해보지 않았던 전혀 새로운 방법으로 앞에 놓여 있는 문제에 도전하고 더 위대한 목표와 비전을 품고 그곳으로 달려갈 수 있도록 계속해서 응원하고 격려하고자 한다. 하나님께서 원하시는 그곳으로 피코치들이 자신들의 잠재력과 가능성이란 보물을 캐며 힘차게 달려나가길 기대한다.

🔥 선교적 코칭질문

1. 오늘 하나님께서는 당신을 어떻게 응원하실까?
2. 그 응원과 지지를 통해 오늘 당신의 감정 색상에는 변화가 있었는가?
3. 이번 주에 만난 피코치들이 가지고 있던 보물들의 공통점은 무엇일까?
4. 좀 더 풍성하게 그 보물들을 캐내기 위해 달리할 수 있다면 무엇을 할 수 있는가?
5. 피코치의 패러다임에 온전한 변화를 주기 위한 주된 방법 세 가지는 무엇인가?

14
마음을 치유하는 코칭

강형란 코치

가치관의 중요성

인생을 살아오면서 사람들을 만날 때마다 늘 느끼는 것은 인생에서 자신만의 확고한 가치관을 가지고 있는 것이 얼마나 소중한 것인지를 아는 사람들이 많지 않다는 점이다. 지금의 포스트모더니즘 시대에서는 예전과는 다르게 사람들이 비전보다는 오히려 가치관에 대해 더 중요성을 가지고 있는 것 같다. 혹시 다른 이들이 어떠한 가치관을 가지고 살아가고 있는지가 궁금하다면 그 사람이 가장 중요시하는 단어 세 가지만 알면 된다. 그가 선택한 단어들로 인해서 그 사람이 어떠한 가치관을 가지고 살아가고 있는지를 판별할 수 있기 때문이다.

코칭의 과정이 끝나고 나면 대부분의 코치들은 바로 전 시간의 코칭 결과에 대해서 무척 궁금해하곤 한다. 왜냐하면 코칭의 성공여부는 피코치가 가지고 있는 가치관에 그 코칭의 과정이 얼마나 부합했는지를 측정해보면 알 수 있기 때문이다. 그렇다면 인생의 성공여부도 자신이 가지고 있는 가치관에 맞게 어떻게 살아가고 있는지를 보면 그 성공의 모습을 볼 수 있지 않을까 싶다.

우뇌적이고 예술적인 시대

지금의 시대를 살아가는 현대인들은 과연 어떠한 모습일까? 많은 사람들이 몹시 궁금해할 것 같다. 오랜 교회 사역을 통해서 그리고 현재 코칭 및 글쓰기 과정을 통해서 만나는 젊은이들은 좀 더 정직하고 직접적인 커뮤니케이션을 원한다. 이전에는 예의 바른 자세로 자신을 낮추는 모습을 갖는 것이 바람직했던 시대도 있었지만 포스트모더니즘 시대에 살아가는 젊은이들은 확실히 다르다는 것을 알 수 있다. 특히 경험 없이는 확신도 가질 수 없다고 믿기에 코치 혹은 강사의 위치에 있는 우리가 실험의 과정에 참여하지 못한다면 그들의 학습을 혼란시킬 수 있다는 것을 경험하게 된다. 이러한 과정에서 얻게 된 교훈은 지금은 좌뇌적이고 논리적인 것보다도 우뇌적이고 예술적인 사역이 그들에게는 더 필요하며 그 과정에서 좀 더 솔직하고 창조적인 표현이 중요하다는 사실이다.

코칭의 특별함

이러한 면에서 볼 때, 지금의 교회 및 선교적 리더들은 변화된 자세를 가져야 할 것 같다. 이들을 위한 새로운 리더십이 바로 코칭인 것이다.

코칭은 현대 교회와 선교지에 가장 적합한 접근법으로서 여러 가지 특징들을 가지고 있다. 코칭의 특별한 힘은 바로 라포에서 출발한다. 이 과정을 통해서 타인에게 안정감과 신뢰감을 동시에 줄 수 있다.

또한 코칭은 리더의 삶과 사역에서 부딪치는 문제를 다루기 때문에 실제적이라고 할 수 있다. 코칭은 특별한 대화의 구조를 가지고 있다. 이 구조는 바로 쌍방향적이며 동시에 잘 짜인 구조적인 대화라는 점이다. 이로 인해 문제 해결 및 개인적 성장까지도 동시에 열매를 맺을 수 있기 때문이다. 코칭 대화는 특정 모델이나 코치의 외부 관점에서 시작하기보다는 리더의 삶과 사역적 맥락에서 시작되고 끝나기 때문에 어떤 상황에도 잘 맞는 특징이 있다. 또한 코칭은 리더의 부름과 신앙 공동체적인 삶과 문화적 위치에도 영향을 미치고 있으므로 전체론적인 특징을 가지고 있다.

교회와 선교지에 코칭이 필요한 이유는 코칭이 세속적인 사람들과의 선교 활동과 중요한 개인적 관계를 통해 문화를 이해하고 참여하도록 돕는 접근법이기 때문이다. 즉 코칭이 유연한 대화를 하고, 상대방의 패러다임을 변화시키는 데 가장 적절한 도구이기에 전도 및 선교에 탁월한 도구임을 다시 한 번 더 말해주는 것이다. 또한 일부 리더들은 하나님 앞으로 부름을 받았다는 확신을 찾는 데 있어서 어려움을 겪는다고 한다. 하나님의 부르심을 확인하는 데 있어서 꼭 필요한 것은 자신들의 개성과 리더십 스타일을 이해하고 그들의 열정과 재능을 식별하는 과정이다. 이 때 코칭이 큰 도움을 줄 수 있다.

갈등의 시대

산업화로 인한 핵가족화가 지속되면서 우리 사회에서 가족, 사회 간의 공감과 소통의 담이 두꺼워지는 현상이 바로 '세대 갈등'이다. 지금은 그 어느 때보다도 세대 갈등의 문제 해결을 위한 진지한 고민이 필요할 때라고 생각한다. 세대 갈등이라는 프리즘으로 우리 사회를 다시 한 번 들여다보면서 우리 사회가 안고 있는 문제들을 해결하고 공동체의 응집력과 역동성을 회복할 수 있는 대안을 찾아내야 한다.

사람들이 모여 사는 세상에서 갈등의 발생은 필연적인 것이다. 한 개인의 마음속에도 내적인 갈등이 있어서 갈피를 못 잡는 경우가 종종 있을 수 있다. 서로 다른 개인들 간에 갈등이 발생하는 것은 불가피한 것이다. 특히 세대 간의 갈등은 더 복잡한 성격을 띠고 있는 경우가 많다. 그렇다면 어떻게 세대 간 갈등을 해결할 수 있을까? 그것은 바로 세대 간 접점이 마련되어야 한다. 한국 사회에서는 근대화에 따른 핵가족화 및 도시화로 인해 가정과 사회에서 세대 간의 접점이 사라지면서 세대 간에 상호 소통하고 이해할 기회 자체가 줄어들고 있는 상황이다. 이를 위해서는 일종의 세대 통합 프로그램이 조속히 확산되어야 할 것이다.

이러한 세대 간의 갈등을 해결하기 위한 도구로서 역시 코칭이 거론되고 있다. 실제적으로 코치로서 활동을 하면서 그리고 세대 간의 갈등을 해결하기 위해 격대(隔代)교육 강의를 할 때 이 코칭적 접근법은 피코치의 갇혀 있는 패러다임을 바꾸어줄 수 있는 힘이 있음을 현장에서 경험했다. 어르신들과 초·중·고등학생들 등 서로 다른 세대가 함께 나눔과 활동의 시간을 가질 때 적용되는 다양한 코칭적 질문들이 두 세대를 연결할 수 있는 가장 큰 원동력이 된다.

북세통 프로그램

현재 내가 진행하고 있는 프로그램 중에 고등학생이 할머니의 인터뷰 자서전을 써드리며 힘든 이야기를 상담받는 탁월한 세대통합의 프로그램이 있다. 소통과 감동 그리고 위로의 통로라고 할 수 있다. 바로 '북세통'(BOOK에 담는 세대통합)이란 프로그램이다.

세대통합 인터뷰 자서전 써드리기는 여러 가지 긍정적인 효과를 가져온다. 첫째, 서로 다른 세대 간의 경험과 관점을 공유하고 기록하는 데 중요한 역할을 할 수 있다. 둘째, 세대 간 이해와 증진이 가속화될 수 있다. 셋째, 노년 세대는 그들의 경험을 통해 젊은이들에게 어떻게 세상을 바라보는지에 대한 이해와 지혜를 전해줄 수 있다.

참여한 학생들은 현재 우리가 누리는 문화적인 모든 것이 당연한 것인 줄 알았는데 어르신들의 희생과 노력의 결과였음을 깨닫게 되었다고 고백하면서 감동하기도 한다. 이러한 프로젝트를 통해 가족 구성원들이 자신의 가족 역사와 관련하여 자부심을 느끼게 함으로써 가족과 사회적 커뮤니티에 긍정적인 영향을 미치고 있다.

어르신들과 젊은 학생 간의 소통은 때로는 도전적일 수 있지만 매우 중요하며 유익한 경험을 갖게 만든다. 다양한 세대 간의 소통은 문화적 차이, 언어, 가치관, 관점 및 경험의 차이로 인해 복잡할 수 있지만, 효과적인 소통을 할 수 있는 기회는 얼마든지 만들 수 있다. 이때 반드시 놓쳐서는 안 될 사항들이 있는데 그것은 다음과 같은 것들이다.

우선 서로의 경험과 관점을 존중하고 이해하며 대화를 진행하는 것이 중요하다. 열린 마음으로 상대방의 이야기를 듣고 받아들이려고 서로 노력해야 한다. 자신부터 먼저 자신만의 관점에서 벗어나려고 노력한다면 더할 나위 없을 것이다. 또한 소통 기술을 향상시키기 위해 상대방을 존중하며 경청하는 것이다. 이는 코칭에서 가장 중요시 여기는 사항으로, 자연스럽게 흐름에 따라 질문하고 자기 생각과 감정을 명확하게 표현하면 된다. 물론 공통 관심사나 주제를 찾아서 대화를 시작하면 유용할 것이다. 대화를 통해 서로의 입장을 공유하고 연결점을 찾게 된다. 이처럼 세대의 차이를 수용하고 유연하게 대처하려는 노력은 절대적으로 필요하다.

고등학생들과 할머니들의 세대통합 교실 '북세통'의 모습

나는 이러한 모습이 진정한 코칭의 모습이라고 생각한다. 이러한 프로그램 안에는 기쁨과 웃음 그리고 긍정적 분위기와 공감과 소통이 넘쳐나고 있으며, 크리스천 코칭 그 자체의 특성으로 진행되고 있다. 흔히 성경에서 많이 인용하는 '서번트 리더십'을 이 프로그램에 참가한 많은 젊은이들이 직접 경험하고 배울 수 있다. '섬김의 종'이 된다는 것은 바로 크리스천 코치로서의 진정한 모습을 보여주는 것이기 때문이다.

치유의 시간으로

'치유 글쓰기' 과정은 정서적·감정적 치유를 목적으로 글을 쓰는 프로그램으로, 지난 세월의 가슴속에 억눌렸던 응어리를 풀어내는 마음 치유를 위한 것이다. 간단한 일기 쓰기에서부터 글쓰기 치유 및 자기계발과 관련된 것까지 다양한 형태로 진행되는 프로그램이다.

이 시간 동안 참여자들은 글을 통해 감정을 어떤 일이나 경험에 대한 감정을 적어내면서 감정적인 해방을 경험할 수 있다. 자기 생각과 감정 그리고 경험을 자세히 살펴보면서 자신의 내면세계를 탐구하고, 자기 이해를 높일 수 있다.

또한 글을 쓰는 과정 자체가 스트레스를 완화하고 긴장을 푸는 데 도움이 된다. 스트레스 상황에서 글을 쓰면 감정을 정리할 수 있어 스트레스가 해소되며, 특히 트라우마나 상처를 겪은 사람들에게 글쓰기는 치유와 회복의 도구로 사용될 수 있다. 과거의 상처를 다루고 이를 처리하는 과정을 통해 감정적인 상처가 치유된다.

'치유 글쓰기' 프로그램은 삶에서 지친 정신적인 건강을 증진하고 감정적인 복잡성을 다루는 데 도움을 주는 효과적인 방법 중 하나다. 글을

웰 다잉 & 웰 라이프 상실 치유 강의

통해 자기 내면을 탐구하고 감정을 처리하는 과정은 개인의 성장과 발전을 주는 촉진제 역할을 하기 때문이다.

나는 이 밖에도 다양한 프로그램을 통해서 사람들을 만날 수 있다는 사실에 참으로 감사하고 있다. '사람'이라는 단어가 '얼굴을 마주 본다'는 그리스어에서 출발했다고 한다. 이는 피코치를 향한 코치의 마음과 마찬가지라고 생각한다. 단순하게 내 앞에 있는 사람들의 행동이나 습관을 보고 그들을 치유하는 것이 아니라 진정으로 그 표면 아래에 있는 그 사람들의 마음을 치유하고 그들이 성장할 수 있도록 돕는 것이 코칭이기 때문이다. 그것도 일반 코칭이 아닌, 성령님이 중심이 되는 크리스천 코칭이라면 그에 따르는 효과와 열매는 탁월하다고 할 수 있다.

성경에서 가장 탁월하신 예수님의 코칭을 만날 수 있다. 그는 다른 세상적인 코치들과는 완전히 다른 방법을 취하셨다. 즉 예수님은 '사랑'이라는 놀라운 방법을 택하셨다. 모든 제자들이 예수님을 배신하고 도망갔을 때를 나무라지 아니하시고 다시 만나게 된 베드로에게 "베드로야, 네가 나를 사랑하느냐?"고 질문하신다. 주님은 그를 꾸짖지도 않고 나무라지도 않으셨다. 대신 문제의 핵심을 찾고 베드로를 올바른 관계로 초대하셨다.

예루살렘의 길바닥에 널려 있던 하찮게 보이기만 했던 메시아의 피가 실제로는 온 세상의 죄를 속죄했듯이, 이 순간 예수님은 그의 참제자인 베드로를 그렇게 사랑하셨던 것이다. 그리고는 다시 말씀하셨다. "나를 따르라!" 베드로는 예수님을 따라가게 된다.

이것이 코칭의 본질인 것 같다. 베드로는 코칭의 본질을 인생 최고의 코치이신 예수님으로부터 그날 배웠다. 그로 인해 베드로의 삶은 온전히 치유받고 완전하게 변화된 정체성을 갖게 된 것이다. 이처럼 평생을 전도

자로 살아온 나도 예수님의 그 사랑의 씨앗을 오늘도 뿌리러 사람들이 모여 있는 곳으로 달려간다.

코칭 전도자로서, 그리고 코칭선교사로서 살아간다는 것은 참으로 축복된 삶이다. 아무나 이 길로 들어설 수는 없으며 그리고 지금 그 길 위에 있는 당신은 하나님의 부르심에 응답한 사람임에 틀림없다. 포스트모더니즘의 시대에 하나님 앞에 다시 한번 더 그의 나라 확장을 위해 삶을 투자한다는 것은 엄청난 용기가 필요하기 때문이다.

내가 청년들을 만나고, 나이가 지긋한 어르신들을 만나는 과정에서 그분들의 정체성을 다시 발견하도록 도와드리고, 성령의 음성을 듣고 그분이 원하시는 방향으로 그들의 삶의 방향을 전환하게끔 돕는 이 코칭 사역은 참으로 아름답다. 그 아름다운 길에 여러분을 초대하고 싶은 마음이 간절하다. 함께 코칭으로 살리고 세우고 섬기는 길을 걸어가면서 서로 격려하고 지지하며 하나님을 뜻을 이루어드리는 도구가 되길 바라는 마음 간절하다.

🔥 선교적 코칭질문

1. 주님이 "나를 따르라"고 하셨을 때, 당신의 반응은 어떠했는가?
2. 그러한 주님의 손을 오늘도 꼭 붙잡고 가는 당신은 어떠한 사람인가?
3. 평소 피코치와 코칭 할 때 가장 중요한 단어 세 가지가 있다면 무엇일까?
4. 코칭으로 당신은 피코치를 어떻게 섬기고자 하는가?
5. 코칭으로 인해 격려의 리더십을 확장할 때 무엇을 달리할 수 있을까?

코칭의 꽃을 피우다

자신들의 생각과 의지를 내세우는 이 포스트모더니즘의 시대에 가장 걸맞은 리더십은 코칭리더십으로, 훈련받은 크리스천 코칭선교사들이 더 많이 배출되고 본인들이 속해 있는 가정과 교회는 물론이고 저 멀리 타국에서 복음을 전하는 선교지를 온전히 그리스도의 코칭 문화로 뒤바꾸기를 바란다. 그리고 나 자신 또한 그분의 사랑하심을 기억하면서 순종하기를 멈추지 아니하고 21세기의 탁월한 전문인 선교사인 '코칭선교사'로서의 그 길을 쉬지 않고 달려가기를 원한다.

15
일본에 피우는 코칭의 꽃

주승규 코치

일본 선교에 대한 비전

일본은 한국보다 먼저 복음이 전해진 곳이다. 그리고 수많은 선교사가 일본 땅을 위해 헌신하며 순교의 피도 참으로 많이 흘린 곳이다. 하지만 그 결과는 참담하기 그지없다. 21세기인 지금도 여전히 그 복음화율은 1%에도 못 미치고 있는 실정이다. 이렇게 볼 때 일본 선교에 대한 비전은 거의 비관적일 수밖에 없다고 할 수 있다.

지금은 기억하고 싶지는 않지만 우리의 과거 속에는 팬데믹 기간이라는 것이 존재했다. 솔직히 이러한 기간 동안에는 강제 접종 및 외출 금지까지도 행해졌던 시기였다. 하는 수 없이 사역도 멈추게 되고 오로지 방법이 있다면 온라인을 통해서 다른 사람들과 소통하는 것이었다. 수많은 대면 모임이 취소되는 것은 당연했다. 그래서 하는 수 없이 온라인 대화의 방인 줌(Zoom)을 통해서 여러 모임에 참석하고 다양한 강의를 들을 수밖에 없었다.

그중에서도 이러한 시기가 미리 올 줄을 예상하고 준비해왔던 한 단체인 GCLA를 만나게 되었다. 한글로는 '글로벌코칭리더십' 단체인 이 코칭 단체는 캐나다에 본부를 두고 있었으며 이미 글로벌로 네트워크를 쌓으면서 다양한 리더십 훈련을 제공하고 있었다. 팬데믹이 시작되자마자 GCLA 단체는 곧바로 줌으로 훈련 방법을 바꾸었으며 이를 통해서 전 세계 각지에서 팬데믹으로 인해 골방에 갇혀 있었던 선교들을 묶어주고 함께 기도하게끔 했다. 특히 무료로 전 세계 No. 1 크리스천 코칭 훈련을 제공하면서 놀라운 일들을 행하고 있었다.

코칭선교사가 되다

현재는 코칭선교사로서 후쿠오카 챕터의 대표 코치 선교사로서 뛰고 있지만 처음부터 코칭을 알고 있지는 않았었다. 하지만 그렇게도 힘든 팬데믹 시기에 GCLA를 통해서 코칭선교사로서 다시 태어나고 그로 인해 일본 선교에서 놀라운 서막을 알리는 기회가 되었음을 간증한다.

선교사를 위한 '버디코칭 훈련학교'를 졸업하자마자 사역 가운데 과감하게 코칭을 들여와서 사용하기 시작했다. 일본 문화도 격려와 응원 그리고 감사의 문화가 그렇게 깊이 뿌리가 뻗쳐 있지는 않은 편이다. 하지만 코칭 전도법을 배우고 나서 코칭 전도를 통해 후쿠오카 내에 이는 사와라 그리스도교회에서 침례를 주었던 '우에다'에 관한 이야기를 새롭게 쓰게 되었다. 그는 예수를 믿기 전까지 일본 회사에 다니면서 스스로 돈을 벌어 자기 힘으로 살았기 때문에 '고맙다'는 단어는 많이 사용했어도 절대로 '주님, 감사합니다'라는 용어는 써본 적이 없는 이였다.

코칭의 열매

하지만 크리스천 코칭의 특징 중의 하나인 '섬김의 리더십'을 통해서 다른 사람이 아닌 자신을 그렇게도 사랑하신 예수님을 인격적으로 영접한 뒤로 그는 아침부터 주님께 감사하는 새로운 삶을 살아가고 있다. 우에다 씨는 지금 살아있는 후쿠오카 코칭의 첫 열매인 셈이다.

그 이후에 후쿠오카는 물론이고 일본 전역에서 활동하고 있는 선교사님들에게 이 크리스천 코칭을 전하게 되었다. 한 영혼보다 더 귀한 것은 없다고 하지 않았는가? 그러하기에 탁월한 전도의 도구인 코칭을 통해 오늘도 후쿠오카 선교사는 물론이고 함께 훈련을 받은 많은 코칭선교사들이 오늘도 잃어버린 영혼을 찾아 섬김의 자세로 그들에게 다가가고 있는 것이다.

코칭을 단 한 번 훈련받아서 잘한다는 것은 말도 안 된다. 그러하기에 나는 계속해서 프로코치가 되기 위해서 열심으로 코칭 기술과 이론을 공부하게 되었다. 그리고 마침내 후쿠오카 챕터의 대표로서 섬길 수 있었으며 황무지와도 같은 이 일본의 땅에 코칭 사역의 꽃을 피울 수가 있었다.

후쿠오카 CCC센터에 머물 때에는 후쿠오카에서 사역하는 선교사와 자비량 선교사들 그리고 단기 선교 팀과 일본 교인들에게 MBTI 성격검사를 중심으로 사역을 했었다. 하지만 GCLA에서 크리스천 코치로서 활동한 이후로는 일본 사람들과 더욱 깊은 대화를 나누고 동시에 더욱 깊은 코칭 전도 사역을 하는 은혜를 누리고 있는 중이다.

후쿠오카에서 챕터 대표로서 활동은 하고 있지만 이미 나 또한 코칭 전도사로서 북한 및 러시아 선교사들에게도 코칭 훈련은 물론이고 소개도 하고 있다. 이렇게 자신 있게 소개할 수 있는 이유는 단 한 가지다. 크리스천 코칭으로 인해 많은 이들이 하나님의 관계를 회복하고 신앙이 바로 설 수 있었기 때문이다. 특히 그 이전까지는 많은 선교사들이 예전의 방법으로 복음을 전하곤 했는데, 코칭 훈련을 받은 뒤로는 겸손과 격려라는 코칭 문화의 특징을 잘 살려서 복음을 전하기에 복음을 받아들이는 이들이 전혀 불쾌감을 갖지 않고 자연스럽게 삶의 이야기뿐만 아니라 예수님의 이야기도 나눌 수가 있게 되었기 때문이다.

코칭의 꽃을 피우다

이전에는 단순하게 크리스천 코칭의 씨앗을 뿌리기만 했다면 이제는 일부 지역에서 코칭의 꽃이 활짝 피는 것도 찾을 수가 있다. 코칭의 씨앗을 뿌릴 때는 기도하는 마음으로 조심스럽게 그들에게 가까이 갔었는데, 지금은 내 몸에 뿌리 박혀 있는 코칭의 문화가 내 사역 또한 많이 바꾸고 있는 중이다.

선교의 흐름이 많이 바뀌기는 했지만 그럼에도 아직 일본은 복음을 들어보지 못한 이들이 허다하다. 그들의 문화 자체가 거부하는 것도 있지만 선교사들이 접근하는 방법이 그들의 문화와 많이 차이가 나서 그럴 수도 있을 것이다. 이에 크리스천 코칭 훈련을 받은 뒤 나는 천천히 변화를 갖기로 했다. 나뿐만 아니라 함께 훈련받았던 다른 선교사들 그리고 나를 통해서 코칭을 알게 된 이들 모두 그러한 변화를 자연스럽게 받아들였다. 단순하게 한 번의 훈련으로 코칭의 문화가 몸에 배었다고 착각하는 이들도 있을 것이다. 하지만 한 문화가 몸에 밸 때까지 걸리는 시간은 정말이지 오래 걸린다.

첫 훈련을 받고 코칭을 사역 가운데 쓰려고 했으나 실은 그리 쉽지 않은 작업이었다. 실수도 많이 하고 또 피코치 역할을 하는 상대방들도 실망하는 눈치였다. 하지만 계속되는 훈련 가운데 서서히 코칭을 알아가게 되었고 미국 AEU 대학원에서 코칭학 박사과정을 공부하는 가운데 서서히 코치로서 다시 태어나게 되었다. 특히 새롭게 출발하는 '코칭선교사' 훈련은 적극적으로 추천하는 바다. 이 훈련으로 인해서 이제는 그 이전과는 전혀 다른 그리고 타 기관과는 완전히 다른 프로코치로서 거듭날 수 있기 때문이다.

매주마다 열리는 태권도 사역과 축구 사역을 통해서도 코칭의 문화는 그 꽃을 피우고 있다. 각처에서 활동하는 다른 선교사들을 격려하는 일은 물론이고, 축구와 태권도를 병행하는 스포츠 선교를 확장하는 데 있어서도 코칭은 그 놀라운 역할을 하고 있다. 이것은 바로 하나님께서 열어주신 새로운 길이요 축복의 통로임에 틀림없다. 이 길을 열어주신 하나님께 다시 한 번 더 감사를 드릴 뿐이다.

개인적으로 스포츠 사역은 나의 주된 선교 사역이다. 그리고 나는 자연스럽게 이러한 스포츠 사역에 코칭의 씨앗을 꾸준히 뿌리고 있는 중이다. 단순하게 모여서 운동하고 성경 구절을 암송하고 또한 예배를 보는 데서 멈추는 것이 아니라, 그 모임 가운데 함께하시는 성령님의 음성에 철저하게 의지하여 그 모임 전과 후에도 온전하게 크리스천 코칭의 문화가 전해지도록 노력하고 있다.

축구 사역을 같이 했던 前 동아시아 선교사들이 함께한
20주년 감사 모임

코칭의 문화를 통해

우리 인생 최고의 코치는 바로 예수님이시다. 단 한 번에 '예수'라는 문화를 다른 문화 가운데 젖어 있는 이들에게 전하기는 쉽지 않은 일이었다. 그러기에 예수님의 문화가 고스란히 젖어 있는 크리스천 코칭의 문화를 통해 서서히 그들이 가랑비에 옷이 젖듯이 그렇게 복음의 문화를 전하고 있는 중이다.

지난 20년이 넘도록 카톡을 통한 복음 전도를 시도했던 이들에게도 먼저 코칭의 방식으로 다시 접근하는 노력도 해보았다. 그리고 1대1로 직접 만나서도 코칭의 꽃을 피우기 위해서 다각도로 노력하는 중이다. 한 영혼의 세계관을 완전하게 바꾼다는 것은 쉽지 않은 작업이다. 하지만 크리스천 코칭을 만나고 나서 나의 패러다임이 바뀌기 시작했다. 이렇게 나의 닫혀 있던 귀가 열리고 눈이 열리면서 선교 사역에 있어서도 방향이 전환되고 놀라운 결과들이 벌어지고 있는 중이다.

일본에서 피기 시작한 이 코칭의 꽃이 지상 명령 성취에 큰 도화선 같은 역할을 하기를 바란다. 그리고 복음 전도의 불씨가 되었음을 확신한다. 이 모든 것에 내가 한 것은 아무것도 없음을 고백한다. 자연스럽게 축구와 태권도를 통해 관계를 맺고 그 관계는 단순한 관계가 아닌 크리스천 문화가 가득한 코칭의 관계까지 발전하도록 했다. 그럼으로 인해 1대1 코칭은 물론이고 전도 전용 코칭 방법을 사용하여 그동안 뿌렸던 코칭의 씨앗들이 서서히 꽃을 피우고 있는 중이다. 이로 인해 일본 사람들을 성령의 능력으로 변화시키며 일본 선교 1%의 벽을 깨는 데 과감한 도전의 발걸음을 내딛는 중이다.

포스트 모더니즘으로 가득 찬 21세기에 '코칭선교사의 길'을 따라가는 이 결정은 정말로 탁월한 삶의 선택이라고 믿는다. 코칭 사역을 통해서 독창적인 전도를 할 수 있고 또한 더욱 일본 선교에 집중할 수 있어서 좋을 뿐이다. 그뿐만이 아니다. 특별히 GCLA 코치 훈련을 수료한 조카인 김지영도 코칭선교사이자 음악선교사의 열정으로 달려가고 있으며, 뒤이어 손현정 코치도 그 길을 가고 있다. 이러한 연속되는 코칭에 대한 열정을 전하는 것도 내가 달려가야 할 길이다.

개인적인 코칭 철학은 바로 시편 139장 23-24절의 말씀이다. "하나님이여 나를 살피사 내 마음을 아시며 나를 시험하사 내 뜻을 아옵소서. 내게 무슨 악한 행위가 있나 보시고 나를 영원한 길로 인도하소서." 이 시편 말씀을 코칭 사역에 적용하며 해답은 성령 안에 있다는 것을 깨닫고 그분의 인도하심을 받아 코칭 사역에 더 매진할 수 있어서 좋을 뿐이다. 사람은 누구나 하나님께서 선물로 주신 무한한 잠재력과 가능성을 가지고 있기 때문에 가르치기보다는 스스로 배우도록 돕는 데서 그 시너지가 크게 나타날 수밖에 없다. 그러하기에 코치와 피코치는 서로 존중하며 최선을 다해 질문과 경청을 하고 서로가 책임 있게 행동할 수밖에 없는 것이다.

또한 코칭선교사로서 코칭의 철학도 가지고 있다. 즉 말씀과 기도로 늘 준비하며 성령보다 절대로 앞서지 않는 말과 행동을 중심으로 살아가는 것이다. 특히 성령이 주시는 마음과 생각을 통해 그리스도의 향기를 발할 수 있도록 성령님의 인도하심을 받아야 한다는 것이다. 특히 성공적인 코칭의 원칙은 성령님의 능력 안에서 코칭 사역을 하고 모든 코칭 사역의 결과는 100% 하나님께 맡긴다는 사실이다.

2023년 전국 CCC 여름 청년수련회와 일본인 태권도 사역자 벳푸 관장과의 코칭 모습

축복의 통로

지금 사역하고 있는 일본에서 장기적으로 사역하고 열매를 맺고자 한다면 동기부여를 위한 효과적인 의사소통의 기술이 필요함을 항상 느낀다. 왜냐하면 일본에는 우울증을 겪는 환자가 네 명 중에 한 명이기 때

문이다. 그렇기 때문에 성경에 365번 나오는 "염려하지 말라"는 말씀을 기억하면서 이 땅을 위해서 끊임없이 기도하고 코칭 하는 것이다.

"주여, 이 부족한 이를 '코칭선교사'로 불러주셔서 감사드립니다. 특히 후쿠오카라는 지역에서 복음을 전함에 있어 그들이 하나님을 만날 수 있는 기회를 코칭 사역을 통해서 만나게 하심에 감사드립니다. 이 모든 일들은 성령께서 인도하지 않으셨다면 절대로 이루어질 수 없는 일들이었습니다. 그들이 코칭 사역을 통해 하나님을 대면하고 당신이 주시는 삶의 감사함을 받고 그 나라를 살아가게 하시옵소서. 또한 아직 복음을 듣지 못한 수많은 이들에게 코칭 전도 사역을 통해서 지속되게 하시옵소서."

 선교적 코칭질문

1. 당신의 사역지의 현재 상황은 어떠한가?
2. 당신의 사역지에는 지금 어떠한 꽃이 자라고 있는가?
3. 앞으로 '코칭'이라는 꽃을 그 선교지에 키우고자 하는 특별한 이유는 무엇인가?
4. 코칭의 꽃에 꼭 필요한 영양분 세 가지는 무엇이라 생각하는가?
5. 사계절 내내 그 꽃을 활짝 피울 수 있는 당신만의 강점은 무엇인가?

16

코칭 훈련을 통한 인식의 변화와 성장

조영기 코치

코칭은 발화점입니다

처음 코칭 훈련을 받을 때 첫 코칭 실습을 한 분에게 "코칭을 한마디로 정의한다면 어떻게 표현하시겠습니까?" 하고 물어보았다. 그분은 주저하지 않고, "코칭은 발화점입니다"라고 간단 명료하게 답변을 주셨다.

나의 첫 피코치였던 그분의 대답은 코치인 나에게 큰 충격과 감격을 주었다. 그리고 이 대답은 나로 하여금 코칭에 대해 각성하게 하는 계기가 되었다. 그분은 나의 어설프기만 했던 첫 번째 코칭 실습에도 불구하고 바로 다음 날부터 변화된 모습과 행동을 보여줬다.

"아니, 도대체 40분 만나는 동안 무슨 일이 있었던 거예요? 남편이 코칭 받은 뒤에 바로 행동이 바뀌었어요." 첫 코칭 실습 후 일주일 뒤에 만난 그분의 부인이 나에게 한 말이었다. 그 이야기를 옆에서 듣고 있던 내 딸이 나에게 코칭을 해달라고 요청했다. 내가 너무나 사랑하는 딸은 사춘기에 접어들면서 내가 불편하다고 멀리하기 시작했었다. 사춘기 전에는 아빠하고 결혼할 거라고 이야기하고, 꼭 안아주고, 뽀뽀해주던 너무나 사랑스러운 딸이었는데 10대가 되고 나서 엉덩이를 빼고 엉거주춤하게 나를 안아주더니 어느 날부터는 아예 근처에도 오지 못하게 했었다. 그래서 나만 죽도록 짝사랑하게 만들던 딸이었다. 그런 딸에게 조금이라도 가까이 가보려고 무척이나 애를 써도 곁을 주지 않던 딸이었는데 나에게 먼저 코칭을 해달라고 요청한 것이다!

나에게는 기적 같은 일이었다. 그런데 어설프기만 했던 나의 코칭을 통해 딸은 상당히 만족한 결과를 얻었고, 내 딸은 나에게 이렇게 칭찬해주었다.

"아빠는 코칭을 참 잘하는 것 같아. 소질이 있으니 계속 잘해방."

이것은 내가 코칭에 있어 타고났다고 잘난 척을 하려고 쓰는 말이 아니다. 나로서도 참 신기한 일이라서 어떻게 이런 어설픈 코칭을 통해 피코치들에게 인식과 행동의 변화가 함께 일어났는지 곰곰이 생각해보았다. 그리고 그 대답은 나의 첫 피코치가 이야기해준 '코칭은 발화점입니다'에서 찾을 수 있었다.

'불확실성'의 끝판왕 아라비아반도의 걸프 국가

내가 살고 있는 걸프지역에 대해 이해한다면 '코칭은 발화점입니다'라는 말에 대한 의미를 이해할 수 있다. 그래서 걸프 국가와 그 나라에 파견되어 살아가는 선생님들이 느끼는 갑갑함에 대해 간단히 설명하려고 한다.

아라비아반도에 위치한 걸프 국가는 사우디아라비아, 카타르, 바레인, 쿠웨이트, 아랍에미리트, 오만 그리고 예멘이 있다. 이 중에 예멘을 제외한 여섯 개 나라는 산유국으로서 오일머니로 인해 막강한 부를 누리고 있는 나라들이다. 또 전 세계 이슬람(수니파)의 중심에 있는 사우디아라비아와 형제 국가인 아라비아반도의 국가들은 현지인 100% 이슬람 국가임을 표명한다.

해 뜨기 전부터 해가 질 때까지 하루에 다섯 번 기도하고, 라마단과 같이 1년에 한 달을 금식함으로 자신들의 종교인 이슬람에 철저히 복종하고 따르는 것이 걸프 국가들이다. 또 걸프국들은 사막 기후로 국토의 대부분이 마른 광야와 사막으로 되어있고, 한여름에는 한낮의 온도가 60도, 겨울철에는 35도인 곳이기에 이곳 사람들의 삶과 행동은 '빨리빨리 문화'를 가지고 있는 한국 사람들이 참아내기 힘든 여유의 극치를 보여준다.

이곳의 현지인들이 자주 사용하는 말이 '인 샤알라'다. '신의 뜻이라면'이라는 뜻으로 약속을 지키지 않더라도 신의 뜻이 아니었나 봐 식으로 넘어가버린다. 미안하다는 말을 하지 못하는 체면 문화와 결합하여 뭔가 약속을 했을 때 정말로 그 일이 이루어질지 알 수 없는 불확실성이 사소한 일상에서 중요한 사업의 방향을 정하는 업무가 이루어지는 관공서에까지 이어져 있다.

실제 내가 이곳에 사업장을 열 때 이러한 불확실성 때문에 약속을 잡고 또 잡고를 반복하며 길에서 80~90%의 시간을 허비한 적이 있다. 서류 한 장, 도장 하나 받기 위해 같은 장소, 같은 사람을 수도 없이 찾아가야 한다. 지금도 처음 사업장을 열 때 약속 장소로 가는 길과 관공서에서 하염없이 기다리는 시간에 백만 번씩 '주여, 주여'를 외치며 기도했던 시간을 생각하면 웃음밖에 나오지 않는다.

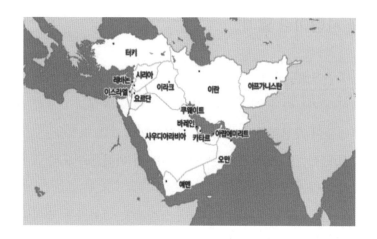

코칭을 통해 맛 본 역전승의 희열

이런 불확실성에 사로잡힌 일상을 살다 보면 자존감은 떨어지고, 부정적인 생각을 계속해서 집어넣는 사단의 공격에 넘어지기 쉽다. 그런데 코칭을 통해 이런 불확실성의 늪에서 건짐을 받았다. 마치 모세가 물에서 건짐 받았다는 그의 이름과 같은 드라마틱한 인생을 선물 받은 것과 같았다.

"그 아이가 다 자란 다음에, 그 여인이 그 아이를 바로의 딸에게
데려다 주니, 공주는 이 아이를 양자로 삼았다 공주는 "내가 그를
물에서 건졌다" 하면서, 그의 이름을 모세라고 지었다" (출 2:10)

위로와 사랑이란 열매

앞서 언급했듯이 걸프 국가는 막강한 오일머니로 인해 부족함이 없는 부유한 국가들이고, 이슬람의 본거지이기에 다른 곳과 비교해 극소수의 선생님들이 파견되어 있다. 또한 직접적으로 기쁜 소식을 전할 수 없기에 수십 년이 지나도록 끊임없이 노력하지만 완전한 전도의 열매를 보는 것조차 어려운 지역이다.

그래서 이곳에 파견된 선생님들은 스스로를 '잠복근무' 중이라고 부른다. '잠복근무'라는 말 속에는 누군가에게 들킬까 봐 숨죽여 숨어있는 자신감과 확신을 잃어버린 선생님들의 불안한 심리가 담겨있다. 걸프 국가에서 여러 모양으로 살아가고 있지만 본질적인 것을 하지 못하고 비본질적인 것에 시간을 다 허비하고 있는 것 같아 자칫 내가 왜 이곳에 있는지 정체성을 잃어버려 외딴 섬에 홀로 낙오된 표류자(Cast away) 같은 외로움과 싸우는 것이 이 땅에서의 가장 치열한 영적 전쟁이다.

그런데 코칭은 '홀로 싸우는 데 지쳐있다는 거짓'에 속고 있는 나에게 따뜻한 관심과 나를 향한 전적인 집중으로 나의 이야기를 들어주는 코치를 만나게 해주었다. 비록 그 코치 또한 처음 코칭 훈련을 받으면서 나를 대상으로 어설프게 코칭을 연습하는 것이었지만 누군가가 나의 이야기에 집중하고 반응하는 코칭의 가장 중요한 '경청'을 통해, 즉 누군가가 나에게 온 신경과 몸짓을 다 동원해 집중해서 나의 이야기를 '경청'해준다는 것 자체가 홀로 표류하고 있던 나에게 예수님이 찾아와주셔서 어루만져주시고 위로해주시는 예수님의 사랑을 체험하게 했다.

처음 제1기 버디코칭 훈련을 접하면서 코칭 실습 시간을 통해 나는 깊은 예수님의 사랑을 체험했다. 그리고 이 사랑이 나를 불확실성의 죽음의 강에서 건져내어 나로 하여금 아버지 안에서 누릴 수 있는 안식의 평강을 맛보게 했다. 그리고 이 평강은 나에게 새로운 소망의 기쁨을 선물했고, 이 기쁨으로 다시 아버지의 사랑을 확신하게 되었다. 이 확신을 통해 나는 자신감도 회복하게 되었다.

> "그러므로 너희의 확신을 버리지 말라 그것이 큰 보상을 얻게
> 하느니라"(히 10:35)

인식의 변화

예전에 30년 동안 이 땅에서 헌신하셨던 미국 선생님이 은퇴하셔서 이곳을 떠나가실 때 그분의 송별회를 하면서 후배들이 그분께 두 가지 질문을 드렸었다.

"이 땅에 살면서 가장 힘들었던 것이 무엇이었습니까?"

"어떻게 이 땅의 현지인들 제자를 세울 수 있었습니까?"

첫 번째 질문에 대한 그분의 대답이다. "가장 힘들었던 것은 불확실성이었습니다. 하지만 그 불확실성이 나로 하여금 아버지만 간절하게 정말 간절하게 붙들게 했고, 그 간절함이 하루하루 간곡한 내 삶의 기도가되었습니다. 그것이 나에게는 큰 은혜였습니다. 나는 그 은혜로 30년 동안 이곳에서 아버지와 더불어 행복했습니다."

두 번째 질문에 대한 답변이다. "내가 직접 기쁜 소식을 전해서 제자로 삼은 형제자매는 한 명도 없습니다. 나는 그저 이 땅에서 아버지를 즐기고 누렸을 뿐입니다. 그러자 아버지가 나에게 영혼들을 붙여주셨습니

다. 나는 아버지가 만나게 하신 영혼들과 관계가 끊어지지 않도록 최선을 다해서 그들과 붙어 있으려고 노력했을 뿐입니다."

이 땅에서 이렇게 멋지게 아버지의 뜻을 받들어 이 나라에서 살아내신 선배님의 노하우를 들었지만 그것이 어떤 의미인지 정확하게 알지 못했다. 그저 머리로 이해했을 뿐 내 심장에 깊이 박혀서 이 땅에 감추어진 보석 같은 이 대답과 같은 삶을 살아내지 못했다. 보기는 보아도 보지 못하고, 듣기는 들어도 듣지 못하는 어리석은 자가 나였다. 왜냐하면 생각하지 않고 그저 현실성 없는 목표를 향한 돌진만 있었기 때문이다. 노력에 따른 보상이 가끔씩 따르긴 했지만 그것이 어떻게 그렇게 되었는지 전혀 이해하지 못하고 있었다.

그저 열심만 있을 뿐 냉철한 생각과 분석과 그에 따른 실천과 피드백 없이 향방 없이 질주하는 야생마 같았던 나의 모습을 보게 한 것은 코칭이었다. 내가 바라는 것에 대한 궁극적인 목적을 이루기 위해 실천할 수 있는 숫자로 표현될 수 있는 구체적인 목표를 세우고, 그것을 위한 나의 노력들은 어떤 것들이 있었는지 그 노력들을 방해한 것은 무엇이었는지 그리고 그 노력들 가운데 가장 효과적인 방법을 어떻게 목표로 한 기간 안에 이룰 것인지, 결정적으로 그동안 생각해보지 않았던 다른 방법은 없는지에 대한 코칭의 과정을 통해 그동안 놓치고 있었던 정확한 과녁을 찾게 해주었다.

코칭 훈련을 통해 피코치로서 나를 보는 인식의 변화가 일어났다. 그동안 내가 원하는 것을 목적지로 삼고 이곳에 이를 수 있도록 나의 열심에 응답해달라고 아버지께 울부짖던 어린아이 같은 나의 모습을 보게 되었다. 내가 피코치가 되어 나의 생각들을 말하면서 그동안 내가 생각하고 있던 것들이 하나님 아버지가 아닌 나의 만족과 영광을 드러내기 위한 교만하고 이기적인 동기를 감추고 있었던 것을 깨달았다. 잘못된 목적지를 향한 나의 열심이 결국 나를 지치게 했고, 자기 연민에 빠지게 하여 자신감과 자존감을 잃고 표류하게 만들었다는 것을 깨닫게 되었다.

그리고 코칭 훈련을 통해 코치로서 내가 이 지역의 다른 선생님들을 대상으로 코칭을 연습할 때 내가 그분들의 이야기를 집중하여 듣지 못하는 것을 보게 되었다. 온전히 집중하여 피코치의 이야기를 내 온몸과 마음을 다해 '경청'해야 하는데 그동안 가르치고 리드하는 자로 살아오면서 누군가의 이야기를 듣는 동시에 내가 답을 주고자 하는 나쁜 버릇이 깊이 박혀 있는 것을 깨달았다.

예를 들어 피코치가 A에 대해 이야기하는데 코치인 나는 B에 관한 이야기를 해줄 생각에 빠져 있는 것을 발견한 것이다. 사랑하는 딸과의 코칭에서 코치인 내가 피코치인 딸의 이야기에 집중하는 모습 자체로 내 딸은 그동안 나에게서 받지 못했던 깊은 관심의 눈빛과 온몸의 제스처와 추임새를 통해 깊은 사랑과 만족감을 얻었던 것을 코칭 실습을 하면서 깨닫게 되었다. 그동안 부모로서 자녀들을 사랑한다고 했지만 자녀들의 이야기조차 선생이라는 자리에서 교만하게 듣고 있던 나의 모습을 깨닫게 되니 자녀들에게 한없이 미안한 마음이 들었다.

이와 같은 인식의 변화는 나로 하여금 피코치들과 함께 진심으로 울고 웃는 관계로 발전하게 했고 그들과 지속적인 관계로까지 발전하게 되었다. 코칭을 통해 내 이웃을 이해하고 그들을 진심으로 사랑하는 것이 경청에서 시작되는 것을 깨닫게 되었다. 그와 동시에 내가 그동안 아버지의 말씀에 얼마나 경청하지 못했는지도 깨닫게 되었다.

아버지를 향해 내가 경청하기 시작하자 말씀을 대하는 나의 태도에도 변화가 시작되었다. 그리고 말씀이 내 삶에 살아지는 기쁨이 내 안에서도 시작되었다. 그리고 이 기쁨은 나에게 밭에서 보화를 발견한 자가 자신의 모든 것을 팔아 그 밭을 사는 것과 같은 값진 보석이다. 이 보석은 나를 아버지 앞에서 조금씩 성장하게 하고 있다. 비록 아직도 어린아이 같은 부족한 모습이 많지만 그전에 자기 연민이나 교만에 빠졌던 나의 모습과 비교하면 조금 더 성장한 것을 깨닫게 된다.

"천국은 마치 밭에 감추인 보화와 같으니 사람이 이를

발견한 후 숨겨두고 기뻐하여 돌아가서 자기의 소유를 다 팔아

그 밭을 샀느니라"(마 13:44)

 선교적 코칭질문

1. 온몸으로 경청한다는 것은 어떠한 의미일까?
2. 경청을 깊게 할 수 있도록 만드는 세 가지의 주된 요소는 무엇일까?
3. 피코치에게 인식의 변화를 주기 위해 가장 많이 사용하는 방법은 무엇인가?
4. 주님의 말씀에 더 잘 경청하기 위해 할 수 있는 방법이 있다면 무엇일까?
5. 코칭선교사가 민감하게 반응해야 하는 것들이 있다면 무엇일까?

17

마닐라 청년들의 꿈을 현실로

임창남 코치

나를 변화시킨 믿음

사람마다 타고난 성격이 있다. 나는 본래 수줍고 다른 사람들 앞에 나서기를 주저하는 대단히 내성적인 성격이었다. 다른 사람들 앞에 서고 발표하는 일을 부끄러워했기 때문에 내가 아는 것을 다 표현할 수가 없었다. 그러나 대학 시절 CCC 활동을 하면서 조금씩 변화가 일기 시작하여 전도 훈련을 받고는 모르는 사람들에게 대담하게 전도를 하게 되고 학교 기숙사에서는 후배들과 같이 기도회와 성경 공부를 인도하면서 조심스럽게 닫혔던 내 자아의 문을 열고 밖으로 발걸음을 떼어놓을 수가 있었다.

차츰 CCC 활동을 적극적으로 하자 학교에서 후배들에게 나는 CCC 언니로 불리게 되었다. 그때 대전 성시화 운동을 위해 대전 충무체육관, 지금은 한밭종합운동장이라 부르는 곳에서 집회를 계획했었는데 어린 대학생이 교회마다 찾아다니면서 목사님들께 홍보하며 참석을 권유하고 다녔으니 그런 담대함은 어디서 나왔는지 모르겠다.

내가 출석했던 교회에서 전도 집회를 할 때는 밖에 나가 전도를 하고, 보고를 하는 시간에 내가 사람들에게 어떻게 전도를 했는지 이야기하는 것을 들으며 모두가 놀라워하는 표정들을 지었다. 아마도 적극적으로 사람들을 만나고 활동하게 된 것은 온전히 주님의 명령에 순종하겠다는 열정과 믿음이 나를 변화시켰기 때문이다.

우물 안 개구리처럼 나의 활동범위는 집과 학교를 벗어나지 못했었다. 간호대학 졸업과 동시에 대전에서 간호사로 취직되어 3개월을 근무한 후 서울 본부로 전근을 가게 될 때 더 좋은 상황임에도 집이 가까운 곳을 떠나는 것과 날마다 대전 CCC 회관에 갈 수 없음을 대단히 아쉬워하면서 2주에 한 번씩 쉬게 될 때는 단 한 번도 빠짐없이 대전에 내려왔다. 그러니 직장이 서울이지만 서울은 아는 곳이 없었다.

또한 서울에서 근무하다가 파독 간호사로 독일에 가게 됐을 때 내가 원했음에도 불구하고 팔려가는 심정으로 비행기 안에서 얼마나 눈물을 많이 흘렸는지 모른다. 그러면서 한국에서 가졌던 믿음과 삶을 잘 유지하고 이 모습 이대로 다시 한국에 돌아오게 해달라고 기도하며 하나님과 약속했었다.

그때는 소련의 영공을 통과할 수가 없어서 알래스카를 거쳐 독일에 갔기 때문에 내 기억으로 24시간이나 걸려서 완전히 멀고먼 비행을 하여 가게 되었다. 언어가 자유롭지 못했지만 독일 간호사들을 도우며 병원 일을 하면서 독일어 공부를 하느라 바쁘게 생활했다. 한국은 내가 살았던 시골에서는 아궁이에 나무로 불을 때고 있었던 시기였는데 독일에서는 그 당시 어디서나 전기만 사용하고 있었기 때문에 한국과 독일은 비교할 수가 없었다. 그런 독일에 머물면서 문명의 혜택을 누릴 수 있었으니 하나님께 감사드린다.

주님의 일꾼으로 부르신 하나님

독일에 있는 동안 간호사로 일하면서 내 믿음을 잘 유지하는 것뿐만 아니라 기회가 있는 대로 성경을 가르치는 일에 마음을 쏟았다. 그러면서 간호사로서 확고한 직장을 갖기 위해 미국행을 계획하고 수속을 다 마친 상황에 CCC 총재의 부름을 받고 한국으로 귀국을 결정하게 되었다. 성경공부를 함께했던 분들의 아쉬워함을 뒤로한 채 나는 독일을 떠나오게 되었다. 그즈음에 태국에 계신 스승 선교사님은 하나님께서 선교사로 태국에서 일하게 하실 수도 있다며 태국을 다녀가라고 하시어 하나님의 뜻이 어디에 계신지 알 수가 없다는 생각에 귀국길에 태국을 들러 일주일간 선교지 방문을 하면서 선교지의 상황을 보고 왔다.

한국에 와서는 CCC 간사로서 숙대와 서울간호전문대 학생들을 맡아서 사역을 했는데 나는 숙대 가까이에 자취집을 얻어 살면서 매일 아침 일찍이 학교로 방문하여 학생들이 수업 전에 기도회에 참석하여 하루를 주님께 먼저 드리는 시간을 갖도록 한 후 회관으로 출근했다.

하나님은 나를 점점 적극적으로 주님의 일꾼으로 살아가도록 이끄셔서 후에는 CCC 간사를 사표 내고 내가 원했던 신학교에 갈 수 있게 하셨다. 고등학교 졸업과 동시에 가기를 원했던 신학교에 돌고 돌아 세상 경험을 쌓게 하시고는 나이가 들어서야 제자리에 세워주신 것 같아 나는 감격스러웠다. 그리고 그런 기회를 허락하신 하나님께 감사드리며 최선을 다하여 열심히 공부했다.

선교의 근원은 하나님 안에

하나님은 선교사로서 세계를 향해 모든 경계선을 넘어가신다. 선교의 하나님은 나를 학창 시절에 CCC를 통해 훈련시키기 시작하셨고 독일에서 병원 일을 하는 동안 선교사 아닌 선교사로 사용하셨다. 또한 미국행을 준비하던 중 갑자기 CCC를 통해 한국으로 부르시고 전적으로 복음 전하는 일을 하게 하셨다. 또 선명회에서 강원도 산골 마을 방문을 맡기시어 날마다 냇물을 건너고 먼 들길을 걷게 하셨고, 후에는 한 번도 가지 않았던 전라도 영암에서 농촌 목회를 경험하게 하시며 여러 가지로 색다른 훈련을 받게 하셨다. 그곳 영암을 떠난 지 35년이 지났는데도 지금까지 나를 위해 기도하시는 변치 않는 기도의 동역자가 있음에 큰 힘이 되고 있는데 그런 기도의 씨앗을 준비하신 것도 하나님의 놀라운 계획이다. 주님의 복음을 전하며 살기로 작정한 나에게 하나님은 여러 환경을 통해 훈련을 시키셔서 하나님이 나를 어떻게 사용하실지 기대하는 마음이 컸다.

하나님은 나를 선교사로 세우시기 위해 여러 경로를 거치며 교육을 받게 하셨고 훈련을 시키셨다. 나를 향하신 하나님의 특별한 계획 가운데 선교사라는 이름으로 필리핀에 파송하셨으니 그 계획과 뜻하심에 따라 매 순간 나 자신을 살피며 선교사라는 이름에 합당하게 살려고 노력하고 있다.

필리핀 영혼들을 위한 부르심

드디어 그 정하신 날 1992년 3월 6일…. 비행기가 이륙하여 한국 땅을 떠난 지 4시간 후 도착한 필리핀에 처음 발을 딛는 순간 밀려오는 뜨거운 열기가 피부에 와닿았고 우리와는 다른 피부색이 눈에 들어왔으며, 알아들을 수 없는 그들의 대화에서 낯선 이국임을 온몸으로 받아들이게 되었다. 이미 유럽의 여러 나라를 다녀본 나는 크게 긴장되고 두려움이 있지는 않았으나 사우나탕을 연상할 만한 더위는 한국의 쌀쌀한 날씨에 맞게 갖추어 입었던 옷을 땀으로 다 젖게 했고 마중 나오기로 한 사람을 기다리는 30여 분이 얼마나 길게 느껴졌는지 모른다.

그렇게 시작된 필리핀에서의 삶은 복음 사역을 위해 믿지 않는 영혼들과 길에서 헤매는 아이들을 모으기 위해 얼마나 땀을 흘리며 쫓아다녔는지 모른다. 그러나 모여든 아이들이나 어른들까지도 데리고 들어갈 곳이 없어 길 한쪽 바닥에 박스를 펼쳐놓고 앉게 했으니 얼마나 민망했는지 모른다. 한국처럼 개척을 위해 안락한 공간을 준비해놓은 것도 아닌데 매 주일 사람들이 모여왔으니 그것이 기적이다. 정해진 장소가 없어도 주님의 이름을 부르며 찬양과 예배를 드리는 무리는 이미 교회인 것이다.

필리핀에 은혜와 평강교회를 개척하던 초기 모습

현재 사역하고 있는 교회가 필리핀에서 다섯 번째 교회다. 그곳이 바로 선교지에서의 마지막 사역지가 될 '은혜와 평강교회'다. 질퍽한 쓰레기장 같았던 곳에 엄두를 내지 못했던 건축을 한국의 어느 한 교회의 500만 원 헌금을 시작으로 시청에서 건축 허가를 받게 되면서 그 불모지 같은 땅 위에 예배당을 세우기 시작하여 많은 기적을 체험하면서 1년 만에 마침내 예배 장소를 마련해 헌당 예배를 드리게 되었다.

새로운 영혼들을 위한 준비

"황무지가 장미꽃같이 피는 것을 볼 때에" 이런 찬송과 같이 쓰레기장 같았던 곳에 하나님의 전이 세워져서 찬송이 울려 퍼지고 하나님의 자녀들이 태어나는 곳이 되었으니 얼마나 놀라운 일인가? 이곳이 천국을 노래하는 장소로 변하니 하나님을 모르던 마을 사람들이 그 교회를 통해 변화를 받고 하나님의 자녀가 되었다. 옆집과 앞집, 그리고 길에서 아무런 목적 없이 뛰어놀던 아이들이 이제는 주일이면 옷을 깨끗이 차려 입고 예배드리러 달려나오고 있으며, 교회의 행사가 있을 때면 온 동네가 잔치 분위기가 되니 그곳에 세워진 예배당을 통해 일어난 변화는 정말 놀랍다.

코칭을 만나다

팬데믹을 겪는 동안 코칭을 만나게 된 것은 나에게는 새로운 큰 도전이었다. 살아오는 동안 수줍고 내성적인 성격이 내 자신을 올무에 가두었다고 생각한다. 그러던 나에게 코칭은 닫혀 있던 나의 패러다임에 변화를 주고 변혁적 리더십을 갖게 했다. 이렇게 보니, 코칭은 정말로 큰 변화를 내게 가져다주었다. 그리고 알게 된 한 가지는 다른 이들을 코칭 하는 것도 중요하지만 셀프 코칭을 통해 나 스스로의 자존감을 높여줄 수 있음을 배우게 되었다. 좀 더 일찍 코칭을 만났더라면 나는 지금보다 훨씬 다른 사람이 되어 있었을 것이라는 생각을 해본다.

이렇게 GCLA를 통해서 배운 크리스천 코칭으로 교회 청년들과 주일에 한 번씩 만나면서 전에는 그들에 대해 알지 못했던 새로운 모습을 보게 되었다. 그렇게 코칭 사역은 점차 확대하게 되었고 지금은 국내 사역을 더 활발하게 하고자 또 다른 코칭 사역을 준비 중에 있다.

코치로서의 삶

이제는 코칭선교사로서 더욱 적극적으로 사역에 임하려고 한다. 물론 필리핀 사역지에서도 여전히 활동 중이다. 어느 날 선교지에서 사역을 마치면서 "코칭이 나를 어떻게 바꾸었을까?"라는 질문을 스스로 해보게 될 것이다. 이전에는 지시적이고 해결사와 같은 모습을 가졌었는데 코칭을 알고 난 후에는 분명 좀 더 상대방의 의견에 집중하고 공감의 경청을 자유롭게 하게 되었다. 그뿐만이 아니다. 이제는 열린 질문을 통해 피코치들의 잠재능력을 마음껏 끌어내어 그들이 옮기고 싶어하는 미래의 장소까지 안전하게 인도하는 능력 또한 갖게 되었으니 코칭의 힘은 정말 놀랍다.

하나님께서는 모든 다양한 사람들과 협력하기를 좋아하신다. 그래서 상담학 박사인 나를 다시 코치로 부르시고 인생 최고의 코치이신 주님을 더욱 닮기를 원하시는 것 같다. 주님께서는 제자들은 물론이고 그를 찾았던 이들을 만나셨을 때 그들에게 단순한 가르침보다는 좀 더 상대방을 깨우고 그들 스스로가 답을 찾아 문제를 해결할 수 있도록 도우셨다. 그때 사용하신 도구가 바로 코칭이었다.

하지만 나는 오랜 동안 유교식 문화 아래서 교육을 받고 자라왔기 때문에 아직도 가르치고 전하는 일에 더 익숙한 모습을 버리지는 못하고 있다. 프로 코치로서 그런 면에서는 아직 많이 부족한 것 같다. 하지만 주님을 바라보면 그는 단순한 코치는 아니셨다. 오히려 코칭이라는 옷을 입으셨지만 그는 하나님께서 주신 탁월한 멘토이셨다. 즉 예수님께서는 코칭과 멘토링을 적절하게 사용하시고 필요에 따라서 한쪽을 더욱 강조한 분이셨다.

그처럼 나 또한 선교지에서 청년들을 코칭 할 때에는 그들의 문화에 맞추어 가능한 한 코칭을 사용하지만 어른들을 코칭 할 경우에는 코칭에 멘토링을 추가한 멘토코칭 기법을 사용하고 있다. 그러므로 지금 너무나도 좋은 열매를 맺고 있는 중이다. 청년들은 세상의 문화에 빠르게 적응하면서 현대의 포스트모더니즘 문화에 젖어 있어 자신들의 목소리를 뚜렷이 내는 편이다. 이들의 문제 해결과 성장을 위해서 공감적 경청은 물론이고 파워풀한 질문을 던지면서 그들과 소통하고 있다. 물론 코칭을 통해서 청년들이 미래의 길을 찾고 그 길로 열정을 다해 달려갈 수 있도록 파트너 역할을 잘 수행하고 있다.

또한 기존의 성도들 중에 가정을 꾸리고 있는 성인들을 위한 코칭에서는 자연스럽게 크리스천 코칭은 물론이고 성경적 멘토링을 가미하여 적절한 균형을 잘 맞추어 진행하고 있다. 초보 코치일 때는 전적으로 피코치의 답변만을 기다리고 있어서 엉성한 코칭을 진행했었는데, 이제는 피코치들의 유형에 따라서 순수 코칭과 멘토 코칭을 조합하여 사용하니 그들의 만족감이 높아지고 열매도 많이 맺히고 있다.

코칭으로 세워가는 차세대 주인공들과 현재 리더들의 훈련 모습

제4세대 선교사

코칭은 내게 있어서 또 하나의 문화 전쟁과도 같다. 한국의 문화와는 전혀 다른 필리핀 문화 속에서 선교를 해왔던 나는 지금은 그곳에 후임자들을 세울 준비를 하면서 현지인들을 교육하고 그들에게 경험을 쌓아주고 있는 중이다. 전에는 단순하게 제1세대 선교사로서 살아왔다면 지금은 코칭과 멘토링을 중심으로 현지인 사역자들과 교통하며 제3세대 선교사로 진화하는 중이다.

교육과 훈련을 중요시했던 시대는 지나간 것 같다. 이제는 함께 고민하고 나누는 삶이 중심에 있다고 생각한다. 지금까지의 일방적인 방향으로의 복음 전도 방식은 이제는 더 이상 효과적이지 못한 듯하다. 지금은 오히려 쌍방향식 전도 방법을 요구하는 시대가 되었다. 한 방향으로 흘러가는 듯한 지식과 지혜의 방향이 이제는 상대방의 요구와 상황을 고려하면서 인정하고 지지하는 방식으로 진행되어야 한다는 것이다.

그렇기 때문에 선교지에서 코칭의 중요성이 높아지고 있다. 물론 GCLA 소속 프로 코치로서 그 중요성을 오래전부터 알고는 있었지만, 실재로 현지 사역을 하면서 더욱 깨닫게 된 것은 과거의 리더십 형태는 더 이상 존재할 수 없다는 사실이다. 21세기가 요구하는 새로운 리더십은 철저하게 코치형 선교사 혹은 목회자가 되어야 한다는 사실이다. 특히 차세대 선교와 전도를 책임질 전문인 선교사로서 '코칭선교사'는 주의 길을 확장하는 데 최고의 열매를 맺을 것이라 확신한다. 하나님께서 코칭을 통해 새로운 방향으로 삶을 전환하길 원하는 자들을 축복하시리라 믿는다.

🔥 선교적 코칭질문

1. 새로운 삶을 다시 얻게 된다면 그때 인생의 목표를 무엇으로 세우고자 하는가?
2. 그 인생의 목표에 대해서 후회하지 않을 수 있게 만드는 것은 무엇인가?
3. 오늘 주님께서 "너의 비전이 무엇이냐?"고 묻는다면 당신의 답변은 무엇인가?
4. 사역자로서 평생 후회하지 않기 위해서 준비해야 될 세 가지가 있다면 무엇일까?
5. 코칭선교사로서 달려가는 그 길에는 어떠한 장애물들이 있는가?

18
최고의 행복, 최대의 보람

김은숙 코치

"그런즉 너희는 먼저 그의 나라와 그의 의를 구하라
그리하면 이 모든 것을 너희에게 더하시리라" (마 6:33)

"또 누구든지 내 이름으로 이런 어린아이 하나를 영접하면
곧 나를 영접함이니" (마 18:5)

누군가 "너의 삶을 바꾼 말 한마디가 있다면, 그것은 무엇인가?"라는 질문을 하면 늘 답변하는 인생의 성경 구절이 있다. 위의 두 말씀 중에서 첫 번째 말씀이 내 삶의 큰 목표가 되었다면 그다음 말씀은 나의 사역의 목표가 되었다. 마태복음 6장 33절의 말씀은 중학교를 졸업하고 어머니께서 무서운 권사님에게 내가 은혜를 받지 못하면 집에 데려오지 말라는 당부와 함께 따라가도록 했다. 은혜 받지 못한다는 이유로 갖은 구박을 받으며 집에서 쫓겨나곤 했었다. 그러던 어느 날 엄동설한의 찬 바람

이 이마를 통과해서 뒤통수로 나오는데 나는 그때 뭔가 이상함을 알게 되었다. 즉 성령님께서 내게 임하심을 체험하게 된 것이었다. 그 순간 평소에 죄라고 생각하지 못한 사소한 잘못까지 깊이 회개하게 하시더니 내게 음성으로 들려주셨다. "먼저 그 나라와 그의 의를 구하라"는 말씀이었다. 이 음성은 그 이후로도 오랫동안 내 안에 잠재해 있었기에 나는 늘 어떻게 사는 것이 그렇게 사는 것인가를 고민하며 나름대로 믿음 생활에 열심히 하게 되었다.

어린이 사역자로서의 헌신

교육 전도사로서 4년간 사역하다가 담임 목사님께서 박사 과정에 가시면서 심방전도사를 맡아달라고 하셨다. 극구 사양했음에도 불구하고 아무 걱정 없이 신학교를 졸업하고 어린이전도협회에서 사역을 하도록 도와주셨던 목사님에게 도리가 아니라는 생각에, "목사님께 받은 은혜가 너무 커서 목사님 돌아오실 때까지만 맡겠습니다"라고 답변을 드렸다. 그러자 목사님은 깜짝 놀라시며 사모님께 전화하셨다. "여보, 심방전도사 구했어요. 금식기도 그만해요."

이렇게 시작한 심방전도사의 할 일은 신앙생활을 힘들어하는 약한 자들과 교회에 나올 수 없는 이들을 방문하고 기도하면서 그들을 격려하는 일이었다. 현명하신 사모님께서 늘 도와주시고 결석자들과 집들을 알려주셔서 어렵지 않게 사역을 감당할 수 있었다.

어느 날 교회에 나오지 못한 성도들을 혼자 심방하게 되었다. 전화를 걸고 방문하면 외출한다고 하기에 불시에 찾아가게 되었다. 하지만 집 안에는 어느 누구도 없었다. 빈집을 확인하고 힘없이 나오는데 아이들이 놀이터에서 놀고 있었다. 이에 자연스럽게 아이들에게 다가가 복음을 전하게 되었다. 처음에는 서먹서먹한 분위기에서 복음 스토리텔링을 시작했으나 시간이 조금 지나자 적극적으로 반응을 보이기 시작한 아이들에 의해서 내 작은 가슴이 소용돌이치기 시작했다. 이야기의 마무리로 갈 때쯤 손을 들면서 교회에 가고 싶다고 응답한 아이들의 모습을 차마 지금도 잊을 수가 없다.

그래서일까? 그때 받은 감동과 감사로 인해 어쩌면 나는 죽는 그 순간까지 '최고의 행복, 최대의 보람'인 어린이 사역자로 헌신하게 된 것 같다. 그리고 "또 누구든지 내 이름으로 이런 어린아이 하나를 영접하면 곧 나를 영접함이니"라고 말씀하신 주님과 그 사랑받기에 합당한 어린이를 위해 일평생 살리라 결심했다.

선교사로서의 도전

1980년 민족복음화 성회에 참석하여 말씀에 큰 은혜를 받고 선교사로 헌신할 자 일어나라고 해서 벌떡 일어서서 카드를 작성했지만 아무런 연락도 받지 못했다. 아무런 진전은 없었지만 계속되는 마음의 부담으로부터 자유할 수 없었다. 전도협회 국가총무가 러시아로 떠났을 때는 마음에 별 동요가 일어나지 않았지만 수술을 기다리고 있던 목사가 인도네시아를 향해 가는 데 마음에 큰 충격이 일어났다. 나는 집을 떠나서는 먹는 것과 잠자는 것과 배변을 못 하는 어려움이 컸다. 전도협회 캠프 혹은 5일 클럽과 같은 훈련 프로그램을 마치고 나면 오랜 동안 앓았던 적이 있었다. 소화불량, 장염과 방광염 등으로 오래 고생했기에 먼 타지로 떠나야 하는 선교사 역할을 감당한다는 것은 참으로 견딜 수 없는 부담이었다. 하지만 이내 5일 클럽 교사 훈련이 있었을 때, 하나님 앞에서 이 기도 제목을 놓고 구체적으로 기도하기 시작했다. 그리고 선교사로 나가는 것이 하나님께서 내게 주신 확실한 소명이었음을 깨닫게 되었다.

거침없던 1992년

선교사로 지원했을 때, 제출해야 할 서류가 많았는데 제일 중요한 두 서류, 현지 선교사 추천서와 후원할 교회가 없었다. 무조건 교단선교부에 찾아가 서류를 제출하러 왔다면서 "두 가지는 제가 할 것이 아니고 선교부에서 알아서 도와주셔야 합니다"라고 부탁드렸다. "이제 지원하는 자가 어느 곳에서 나를 필요로 하는지, 혹은 누가 후원을 할 수 있는지 어떻게 알겠습니까?"라고 말하면서 어린이 사역에 필요한 추천서는 물론이고, 총회에서 후원 교회도 연결해달라고 당부했다. 선교부 간사님에게 생떼를 쓰는 격이 되었지만 나는 전혀 할 수 없음을 솔직하게 말할 수밖에 없었던 상황이었다.

다른 신청자는 서류를 다 갖추어 오고도 인선위원회에서 떨어지는데 무슨 배짱인가 싶었으리라. 아마도 이렇게 약 30여 분 동안 따졌던 것 같다. "나는 대답할 수 없으니 총무님과 상의하세요"라며 간사 목사님께서 나를 총무실로 안내했다. 간단명료하게 말씀드리자 조용히 들으시고 총무님이 답변하셨다. "그것은 우리가 할 일이지만 겨우 다섯 명이서 그 많은 선교사님을 어떻게 일일이 도울 수 있겠습니까?"라고 답변하시면서

"그래도 한 번 노력해보겠습니다"라고 말씀하셨다. 이에 더 당차게 "먼저 그 나라와 그 의를 구하는 것이 선교사가 되는 것이라고 확신합니다"라고 답변하면서 당당하게 요구했던 기억이 떠오른다. 그 이후로 총무를 담당하신 목사님께서 귀국한 선교사의 추천서도 받아주시고, 후원 교회도 정해주셔서 내 서류는 제출되었고 마침내는 선교사 훈련까지도 하나님의 은혜로 마치게 되었다.

동남아 선교사로

사역의 길을 걸어가면서 감사한 일은 여러 가지가 있었는데 그것들은 다음과 같다. 첫째, 앞에서 언급된 전도사로서의 사역이었다. 둘째, 신학교에 입학한 것이었다. 선교부에 선교사로 신청했을 때, 총무님께서 "결혼해서 둘이 함께 가든지 신학을 하라"고 권유하셨지만 먼저 싱글 선교사로 케냐에 파송을 받게 되었다. 케냐의 전도협회에서 비자를 신청하여 4년을 받아, 선교사로서 적응 훈련과 돕는 사역을 하고 한국으로 잠시 돌아왔다. 그때에도 주변의 많은 지인들로부터 신학을 하고 선교지로 가라는 권고를 다시 받게 되었다. 죽어도 그 길을 가지 않으려고 고집 부렸는데 많은 어르신들의 강권하심으로 입학했고 과정을 마쳤다.

셋째, 사역지의 전환이다. 건강진단서 하나만 제출하면 케냐로 복귀시켜주겠다고 약속하셨던 총무님은 은퇴를 이미 하셨고 바뀐 내규로 인해서 많은 어려움이 있었다. 이곳저곳에서 많은 일들로 인해 케냐로의 복귀는 무산되어 큰 상처를 받았다. 선교지에 가기 전, 선교사라는 이름으로는 갈 수 없지만 어린이 사역으로는 열려 있는 태국으로 가라는 말씀을

케냐에서의 첫 어린이 사역 모습

두 곳에서 듣게 되었지만, 동남아로는 절대 가지 않겠다고 고집을 피우면서 케냐로 갈 생각만 가졌었다. 케냐에서의 사역은 주위 분들에게 사랑받고 인정받는 행복한 사역이었다. 하나님께서도 케냐로 인도해주셨다고 생각했는데 그 길이 막히자 다시 돌아갈 수 없다는 상실감이 매우 컸다.

오랫동안 이러한 일이 힘들게 했으며 생각할수록 마음만 더욱 아파왔다. 더욱이 절대 안 간다고 했던 동남아 선교가 열리다니…. 2년을 엎드려 기도하며 고집하던 아프리카를 접고 필리핀 민다나오에 2004년 초에 파송을 받고 떠나게 되었다. 황홀하게 지낸 첫 사역지인 케냐에서 필리핀으로 바뀐 것을 저주받지 않고는 있을 수 없는 일이라고 생각되어 견딜 수 없었던 시간을 힘들게 보내게 되었다.

더 나은 차원의 삶

절대로 가지 않겠다고 한 필리핀으로 갔기 때문에 평생 동안 소원이었던 부모님과 함께 사는 꿈이 이루어져 4년 동안 몹시 행복했다. 중보기도로 돕는 사역은 사역의 현장에서 역사하시는 성령님의 능력이었다. 부모님은 선교 사역을 위해서는 기도가 최우선이라고 하시며 선교지의 필요를 늘 살펴보시고 뜨겁게 기도를 해주신 분들이었다. 어찌 그 힘이 적다고 할 수 있을까. 정든 집도 팔고 오셨기 때문에 두 필지의 땅을 살 수 있었다. 수영을 잘하시는 어머니를 위해서 수영장이 있는 마을에 집을 짓게 되었다. 나는 월세를 내면서 사는 것보다는 집을 지어 부모님과 사는 것이 더 안전하다고 생각했다.

다바오에서의 청년사역

이에 어머니께서는 "예배를 드릴 수도 있는데 두 필지는 너무 작으니 한 필지라도 더 사는 것이 좋겠다"고 간절한 마음으로 조심스럽게 말씀하셨다. 나는 부모님과 함께 살 집을 마련하려고 하는데 어머니는 예배 장소를 생각하셨던 것이었다. 주님을 사랑하는 어머니의 깊은 애정을 느꼈고 감동을 받아 그날로 두 필지를 취소하고 공원이 있는 쪽으로 다섯 필지를 사게 되었다. 그 후 후원 교회에서 건축비를 후원하여 사택이 있는 교회를 지을 수 있었다. 교회를 짓고 나니 사역이 더 확장되었다. 현지인을 위한 교회도 개척하여 목회할 수 있었고, 교실을 만들어 아이들 돌봄을 위한 데이케어 센터를 운영하며 훈련 센터로도 사용할 수 있어 경제적으로 선교에 큰 도움을 입게 되었다.

세 가지 감사

첫 번째 감사의 제목은 '최고의 행복, 최대의 보람'인 어린이전도사역자로 헌신한 것이다. 첫 선교지인 케냐어린이전도협회에서 선교사 비자도 받고 북부지역을 위해서 사역하도록 책임이 주어졌다. 처음에는 교육 총무인 캐시(Kathy)를 돕는 일을 우선했다. 그녀가 강의할 자료가 단순한 밑그림으로만 되어 있어 색칠을 해주겠다고 했다. 피부색은 까만색으로 명암만 주었고 옷은 화려한 색칠을 해주었다. 처음에는 별로 내키지 않아 하더니 강의를 하면서 칭찬을 많이 받고는 수고비를 지불하겠다고 했다. 이에 나는 "이것 또한 내 사역이거니 생각하고 기쁨으로 하는 것이니 신경 쓰지 말라"고 답했다. 그리고 얼마 가지 않아서 한국에서 가져 간 크레파스와 색연필 중에서 까만 색깔이 제일 먼저 부족하게 되었다. 그곳은 피부색이 필요 없는 별천지였기에 캐시와 나는 아이들을 예쁜 흑진주라고 불렀다.

지금도 그곳에서의 추억은 나의 머리에 늘 맴돌곤 한다. 어느 날 모슬렘이 지은 보라 초등학교에서 열 개의 드라크마 중 하나를 잃은 여인에 대해서 시청각으로 설교하고 드라크마로 게임도 한 뒤 수업을 마치자 한 아이가 내게 다가왔다. "선생님, 그 드라크마를 하나만 주실 수 있으세요? 그러면 그것을 볼 때마다 선생님이 내게 들려준 그 얘기를 생각하며 고마워할 것 같아요." 참으로 어린아이가 말도 이쁘게 하면서 부탁을 했지만 나는 그 아이에게 "정말 미안한데, 네게 주고 나면 나중에 모자라게 되는 것은 물론이고 또 다른 아이들도 갖고 싶지 않겠니?"라고 하자, 그 아이는 당황하지 않고 "선생님의 충고가 정당함은 물론이고 저에게 큰 깨달음을 주었어요. 아무튼 고맙습니다"라고 예쁘게 말하더니 막 뛰어가던 생각이 나곤 한다.

아이들이 많은 필리핀에서도 어린이 사역을 최우선으로 시작했다. 어린이는 만나기 쉽고, 순진하고 호기심이 많아 잘 배우고, 바른 가르침을 받은 대로 잘 결심하고 따랐다. 선교사역을 통해 만났던 작은 초등학생 어린이가 오늘의 주인공이 되어 교회의 일꾼으로서, 집에서는 경제적으로 가정을 세우고 땅을 사서 집을 짓는 어른으로 성장한 모습을 보는 것이 감사했다.

두 번째 감사의 일은 과거에 선교사로서 미비된 서류까지 갖추어주시며 인도해주신 총무님이 계시어 선교사로 파송받을 수 있었다. 케냐어린이전도협회에서 4년 비자까지 미리 받아놓고 환영해주심으로 케냐에서 선교사로 살아갈 수 있었다. 사역의 현장으로 이끌어준 선배님들, 물질과 기도로 후원해주신 파송 교회 그리고 동역해주신 고마운 분들로 케냐와 필리핀에서 선교사로 사역할 수 있어 감사하다.

선교지에서 은퇴한 뒤 고국으로 돌아온 뒤에도 선교사 못지않은 보람을 느끼며 하는 일이 있다. 바로 대학원 공부를 시작한 것이었다. 학업을 시작했을 때 첫 대면 수업하신 교수님으로부터 줌을 통해 더 많은 것을 배웠다. 또한 앞으로 가르칠 자료까지 내어주심은 물론이고 지금도 강의할 수 있도록 도와주시고 매 주일 큰 은혜의 말씀으로 깨우쳐주시니 감사할 뿐이다.

출애굽기를 통한 구원의 역사를 첫 시간부터 각인시켜주시며 과거의 삶으로부터 오늘까지 삶으로 적용시켜 나의 삶에 구속사를 쓰게 하신 목사님이 계셔서 감사하다. 선교사로 은퇴한 새내기를 사랑하시며 이끌어주시는 선배 선교사님들이 계셔서 감사하고 행복할 뿐이다.

또 감사할 부분은 바로 선교사로 파송된 그날부터 은퇴한 오늘까지 필요한 모든 재정을 채워주시고 앞으로도 책임져주실 나의 영원하신 주님이 계셔서 감사하다. "절대 신학 안 해", "절대 전도사 안 해", "절대 동남아로 안 가"라고 고집 부렸던 막심한 철부지요 동시에 용서받을 수 없는 죄인인 나를, 또한 주권을 완전히 맡기지 못한 이 죄인을 용서하시고 선교사로 써주신 주님이 참으로 감사하다.

코치로서의 삶

내 삶 속에 '코치'라는 단어가 들어온 지는 얼마 되지 않았다. 팬데믹 기간 동안에 코칭으로 리더를 세우는 GCLA 단체를 만난 뒤 코칭에 대해서 깊이 배우면서 내 자신의 리더십에 대해서 많이 생각하게 되었다. 아니, 그 이상의 큰 변화가 내 삶에서 일어났다고 할 수 있다. 솔직히 그동안 어린이를 대상으로 하던 선교사의 위치에서 나는 늘 그들

코칭선교사로서의 섬김의 발걸음

을 가르치고 답만 주기에 익숙했던 모습밖에 기억에 남은 것이 없었던 것 같았다. 하지만 크리스천 코칭을 만나고 나서 나의 삶과 사역은 빠르게 변화했다.

성경 속에는 수많은 이야기가 있으며 매 장면마다 상대방의 인식을 바꿔주는 파워풀한 질문들이 있다. 그전에는 이러한 질문들을 그냥 지나쳤는데, 코칭을 만나고 나서는 예사롭게 보이지 않았다. 특히 신약 속에 나타난 150여 개의 예수님의 질문은 나의 인식은 물론이고 삶 전체를 흔들어놓기에 충분히 강력하며 살아있는 질문들이었다.

어느 날 아침 문득 거울을 보면서 깨닫게 된 것이 있었다. 그것은 바로 '코치로서 살아간다는 것', 아니 '코칭선교사'로서 새롭게 태어난 나의 모습을 볼 때마다 놀라운 하나님의 은혜를 다시 기억하지 않을 수가 없었다.

지금은 포스트모더니즘의 시대라고 한다. 이러한 시기를 살아가고 있는 우리들의 주변을 보면 참으로 많은 것들이 빠르게 변하고 있음을 감지하고 있을 것이다. 그 가운데서도 여전히 소리치는 엄마에게 귀를 막고 반항하는 어린아이들, 젊은이가 어른에게 답변하면 말대답이 되는 현실, 걱정하는 마음으로 뭔가를 가르치면 마음의 문을 닫는 청소년들…. 우리 사회에서는 참으로 경청과 격려의 문화가 많이 필요한 것 같다.

그러면 이러한 방법은 어떠한가? 젊은이들에게 훈계나 잔소리보다는 오히려 본인들 스스로가 무엇을 해야 할지 그리고 어떻게 해야 할지를 선택하고 실천할 수 있도록 잘 들어준 다음에 강력한 질문을 던져주면 어떠할까? 그런 뒤 격려와 지지를 멈추지 않고 뒤에서는 기도까지 해줄 수 있다면 얼마나 좋을까? 그렇다, 이것이 바로 코칭인 것이다. 상대방을 존중하고 그의 의견과 인격을 최대한 지지하면서 창의적이고 숨은 잠재력까지 끌어올릴 수 있는 탁월한 전문가, 그가 바로 코치인 것이다.

코칭선교사로 살아가면서 많은 에피소드가 생각이 난다. 그중에 한 가지를 나누고자 한다. 어느 날 나이가 들어감에 따라 다른 사람들에게 좋은 인상으로 살아야 할 부담감을 가지고 있었던 한 피코치를 만났다. 못난이로 태어나 인상까지 쓰고 있는 것이 많은 경우에 있어서 인간 관계를 어렵게 한다는 것을 깨달았다고 한다.

첫 코칭 세션을 갖던 날 우리의 코칭의 목표는 바로 '좋은 인상을 만들기 위한 방법들을 찾는 것'이었다. 첫 대안으로 발견한 방법은 '늘 미소를 짓는 것'이었다. 그래서 누군가 찾아오면 거울을 보고 먼저 웃는 연습을 하기로 했다. 열심히 연습을 하던 중 그가 말하길, 거울을 보고 웃는 자신의 모습이 우스워서 또 웃기도 했다고 한다.

그리고 어느 날 야외 놀이에 참석했는데 그날에 찍은 사진을 받아보고 스스로 변한 모습에 깜짝 놀랐다고 한다. 자신의 얼굴 모습만 바뀐 것이 아니었다는 것이다. 인내심이 부족해 참지 못했던 일도 전에 비해 훨씬 더 잘 인내하고, 비판적이었던 까칠까칠한 성격도 많이 부드러워졌으며 특히 이해하는 폭도 넓어졌다고 한다. 그리고 이제는 타인들로부터 인상이 참으로 좋다는 칭찬까지 듣게 되었다고 한다. 물론 그로 인해서 삶이 더욱 풍성해지고 더 좋은 새로운 사람들과도 쉽게 친해질 수 있다고 했다.

가끔 인생을 돌아볼 때 중학교를 졸업하고 경험한 성령 체험이 나로 하여금 선교사로서 헌신하게 한 사건은 내 인생에서 한 획을 긋는 기억이다. 특히 주님이 사랑하시는 어린이를 섬기는 일로 최고의 행복과 최대의 보람도 느껴보았다. 상담을 배움으로 나 자신을 알게 되었고, 출애굽기의 구속사를 배워 지금까지의 나의 삶의 구속사를 씀으로 얼마나 하나님의 사랑이 큰 지를 재발견하게 되었다.

코칭선교사로 올인(All In)

하지만 인류 최고의 탁월한 코치이신 예수님을 만난 뒤에도 그렇게 도 완강하게 고집 부리면서 버티고 있던 이 쓸모 없는 자를 끝까지 인내하시고 언제 어디서나 격려하시며 눈물과 기도로 응원하시던 그분을 이 제야 더욱 깊이 만나는 것 같은 생각이 든다.

자신들의 생각과 의지를 내세우는 이 포스트모더니즘의 시대에 가장 걸맞은 리더십은 코칭리더십으로, 훈련받은 크리스천 코칭선교사들이 더 많이 배출되고 본인들이 속해 있는 가정과 교회는 물론이고 저 멀리 타국에서 복음을 전하는 선교지를 온전히 그리스도의 코칭 문화로 뒤바꾸기를 바란다.

그리고 나 자신 또한 그분의 사랑하심을 기억하면서 순종하기를 멈추지 아니하고 21세기의 탁월한 전문인 선교사인 '코칭선교사'로서의 그 길을 쉬지 않고 달려가기를 원한다. 주님께서 은혜로 주신 그 '축복의 통로'로서의 역할을 마치는 그날까지 오로지 그분만을 바라보면서 올인하기를 바랄 뿐이다.

선교적 코칭질문

1. 지금 그 자리에 서게 한 주님의 강력한 부르심을 한 줄로 표현한다면 무엇인가?
2. 당신의 그 결정에 후회가 없다고 어떻게 확실할 수 있는가?
3. 앞으로 코칭선교사로서 기대하는 다섯 가지가 있다면 그것들은 무엇인가?
4. 그 기대를 현실로 만들 수 있는 당신만의 강점은 무엇인가?
5. 코칭선교사로서 올인할 수 있는 당신은 과연 어떠한 존재인가?

Memo

19

아프리카에 코칭시대가 열리다

피터정 코치

저 멀리서 한 무리의 사람들이 빌립보의 가이사랴에 있는 마을로 들어오고 있었다. 그리고 잠시 뒤에 잠시 쉴 만한 장소를 찾기 시작했다. 이후 담소를 이어가던 중 그 무리의 중앙에 있던 이가 갑자기 묵직한 질문을 던지게 된다. 그가 바로 당시 최고의 멘토코치이신 예수님이었다. 그의 주변에 있던 이들은 약 3년 가까이 주님과 함께했던 제자들이었다. 그들에게 주님은 묵직한 한 질문을 던지게 된다.

"사람들이 인자를 누구라 하더냐?" 제자들이 대답하길, "세례자 요한이라고 하는 사람들도 있고, 엘리야하고 하는 사람들도 있고, 예레미야나 다른 예언자 가운데 한 사람이라고 하는 사람들도 있습니다." "그렇구나, 그런데 너희는 어떠냐? 너희는 나를 누구라고 하느냐?" 이때 성격이 화끈한 시몬 베드로가 말하길, "주님은 살아계신 하나님의 아들이시며 그리스도, 곧 메시아이십니다."

역시 성격이 급하기로 소문난 베드로가 가장 먼저 자신의 입술을 통해서 아무도 예상하지 못했던 대답을 하게 된다. 이에 주변의 모든 이들이 놀라움의 표정을 짓게 되고 그들 중 특히 예수님께서는 그의 대답에 매우 흡족한 표정을 지으며 베드로에게 축복의 말씀을 전하시는 장면이 나온다.

"요한의 아들 시몬아, 너는 하늘의 복을 받았다. 너의 대답은 책이나 선생들에게서 배워서 나온 것이 아니다. 하늘에 계신 내 아버지 하나님께서 친히 네게 참으로 내가 누구인지 그 비밀을 알려주신 것이다. 이제 내가 누구인지 그리고 참으로 네가 누구인지 알려주겠다. 너는 베드로, 곧 바위다. 그 바위 위에 내가 나의 교회를 세울 것이다."

이 장면이 내가 뽑은 성경 속에서 나오는 최고의 멘토코칭의 한 장면이다. 이러한 이야기는 마태복음 16장에서 펼쳐지고 있다. 예수님은 늘 그러하셨듯이 파워풀한 코칭식 질문을 통해서 제자들이 자신들의 한계를 넘어 숨어있는 가능성을 찾아 답변하기를 기대하셨다. 이 질문을 통해서 그들의 정체성과 믿음마저 바꾸게 되길 기대하셨을 것이다. 그 질문이 바로 "너희들은 나를 누구라 부르느냐?"다. 또한 베드로의 확고한 대답에 미소를 머금고는 곧바로 예수님께서는 다시 제자들에게 그들의 탁월한 멘토 코치로서 앞으로 그들이 인생의 방향을 어느 곳으로 정하고 그 발걸음을 어떻게 옮겨야 할지 정확한 방향을 제안하시는 장면이 나온다.

"시몬 베드로가 대답하여 이르되, 주는 그리스도시요
살아계신 하나님의 아들이시니이다. 예수께서 대답하여 이르시되,
시몬아 네가 복이 있도다 이를 네게 알게 한 이는 혈육이 아니요
하늘에 계신 내 아버지시니라. 또 내가 네게 이르노니 너는 베드로라
내가 이 반석 위에 내 교회를 세우리니 음부의 권세가 이기지

못하리라. 내가 천국 열쇠를 네게 주리니 네가 땅에서 무엇이든지
매면 하늘에서도 매일 것이요, 네가 땅에서 무엇이든지 풀면
하늘에서도 풀리리라 하시고 이에 제자들에게 경고하사 자기가
그리스도인 것을 아무에게도 이르지 말라 하시니라." (마 16:13-20)

멘토코칭 대화법

숨을 쉴 틈도 없이 전개되는 이 파워풀한 대화는 코칭과 멘토링은 물
론이고 그 이상의 탁월한 대화의 기술을 자연스럽게 구사하시는 예수님
대화법의 한 예로 볼 수 있다. 이 대화의 첫 부분에서 예수님께서는 제자
들에게 사람들이 자신에 대해 어떻게 말하는지를 질문하심으로써 대화
를 시작하신다. 이것은 그가 다른 사람들의 의견을 적극적으로 경청하고
고려하고 있음을 보여주는 한 예다. 그런 다음 예수님은 제자들에게 자신
이 누구라고 부르는지 물으신다. 이것은 자기 성찰을 장려하고 상대방이
스스로 결론을 내리도록 격려하는 데 사용되는 탁월한 코칭 기법이다. 그
리고 담대한 베드로의 답변에 예수님은 베드로를 축복하시고 이 계시가
하나님으로부터 온 것임을 인정하시는 피드백을 주신다. 이는 또한 베드
로를 축복함으로써 긍정적 강화를 사용한 예다. 그로 인해 베드로가 계속
해서 자신의 생각을 말하고 공유하도록 격려하신 것이다. 이는 또한 그의
제자들에게 비판적으로 생각하고 그들의 믿음에 대해 성찰하는 방법을
가르치신 모델링 기법이기도 하다.

베드로의 대답이 자신의 지식이나 이해에서 나온 것이 아니라 하나
님께로부터 온 것임을 인정하심으로써 탁월한 공감의 능력을 보이신 예

수님은 계속해서 그들의 멘토코치로서 강력한 조언을 마다하지 않으셨다. 즉 베드로에게 자신이 교회를 세울 반석이라고 말씀하심으로써 베드로에게 책임감과 목적을 부여하고 그 역할에 부응하도록 도전하게 하신 것이다.

이 대화 속에서 예수님은 베드로의 반응을 적극적으로 경청하고, 피드백과 격려를 제공하며, 모델링과 공감의 기법을 보여주신 것이다. 이어서 베드로가 지금의 모습보다 앞으로 더욱 성장하게끔 조언을 던지시며 새로운 삶에도 도전케 하셨다. 이것은 멘토링과 코칭을 함께 사용하여 대화의 대상인 누군가를 인식의 변화라는 놀라운 과정으로 초대하여 그의 잠재력을 최대한 개발하고 달성하도록 돕는 그만의 독특한 대화 방식이었다. 즉 예수님이 바로 우리 인생 최고의 멘토코치이신 것이다.

르완다의 멘토코치

뜨거운 여름의 한가운데 있는 7월 중순 에티오피아의 아디스아바바 공항을 출발한 비행기는 이내 우간다의 엔테베 공항에 도착했다. 한국에 부산이 있다면 아마도 우간다에는 엔테베라는 도시가 있을 것이다. 웅장한 빅토리아 호수 바로 옆에 위치한 엔테베 공항은 작고 소박한 모습을 감추지 못하고 있었다. 마중 나온 우간다 사역자인 만디와 인사를 나눈 뒤 곧바로 숙소로 향했다.

정돈감이나 통일감을 절대로 받아들이지 않을 것 같은 우간다의 도로를 벗어나 갑자기 시골길 같은 울퉁불퉁한 거리로 들어섰다. 창밖 풍경을 통해서 온전히 아프리카의 모습을 보게 되었고 휘날리는 먼지는 금세

UWMF 우간다 신학대학의 캠퍼스 전경

자동차의 색을 바꾸고도 남았다. 그리고 이내 저 멀리서 보이는 대학교의 표지판을 통과하고 차는 이내 교정으로 들어섰다.

　이곳은 바로 1994년 전쟁으로 폐허가 된 비극의 땅인 르완다의 고아와 과부 난민을 돕기 위해 시작된 월드미션 프런티어(World Mission Frontier)의 대표인 폴(김평육) 선교사가 세운 우간다의 UWMF(University of World Mission Frontier)였다. 늘 벼랑 끝에선 마음으로 폐허가 된 아프리카의 땅에 복음의 씨를 뿌려온 지 벌써 30년이 되었다고 한다. 이쯤 되면 조금 쉬면서 사역을 할 수 있음에도 불구하고 2030프로젝트를 통해서 현지 직원 150여 명과 더불어 월드미션 프런티어 사역을 계속 진행할 계획이라고 말하는 그의 입술을 통해서 놀라운 영적 리더의 삶을 엿볼 수 있었다.

　2023년 7월 이미 아프리카 5개국에서 전폭적인 학교 사역 및 병원선 사역을 진행해오던 WMF(World Mission Frontier)와 서로 협력하여 아프리카 땅에 순수한 크리스천 코칭을 심고 이를 기반으로 그들의 미래 사역을 적극적으로 돕고자 서로 MOU를 맺고 그 첫 사역으로 약 150명의 아프리카 목회자들에게 첫 코칭훈련 수료증을 주게 되었다.

아프리카 7개국을 향해

우간다, 르완다, 브룬디를 비롯해 탄자니아와 콩고 그리고 수단과 케냐 등 7개국에서 훈련을 받으러 온 크리스천 리더들을 중심으로 동아프리카 크리스천 코칭협회를 설립할 예정이며 우간다와 르완다에 이미 설립된 대학교를 중심으로 지저스(Jesus) 코칭의 놀라운 사역을 전파할 예정이다. 이러한 과정에 있어서 만난 한국인 선교사가 있는데 그는 전형적인 멘토형 코치인 김평육 선교사다.

그를 만나서 함께 보낸 한 달간의 시간들은 그의 지난 30년간의 사역 가운데 한 사람의 헌신이 얼마나 중요한지를 알 수 있는 대목이었다. 그는 한결같이 주님만 바라보고 받은 소명과 비전을 가슴에 깊숙이 묻고 지금까지 외길을 달려온 인내와 끈기의 멘토코치였다. 그리고 하나님께서는 탁월한 코치 한 명을 사용하시어 이렇게 동아프리카 땅에 놀라운 복음의 열매를 허락하신 이야기는 감동 그 자체였다.

특히 겸손함과 뛰어난 통찰력을 중심으로 만나는 모든 피코치의 가능성을 끝까지 끌어올리면서 위임의 리더십을 마음껏 활용하여 한국인 선교사는 물론이고 현지인 사역자들과의 동역이란 꽃을 코칭식 리더십을 통해 부드럽게 진행하고 있었다. 또한 2005년에 르완다의 수도에 세운 WMF 고등학교는 이제 전국 탑에 링크되어 명문 고등학교로 성장하여 그곳을 통해 하나님 나라를 위한 복음화 일꾼들이 자라나고 있음을 내가 직접 경험하게 되었다.

예배당 및 다양한 교육 시설을 갖춘 UWMF 대학의 모습

그의 코칭의 힘은 새벽에 잔잔하게 울려 퍼지는 찬양으로부터 시작된다고 한다. 그의 이름이 영어로 바울(Paul)이듯이 그의 사역도 '십자가와 복음'이라는 모토 아래 뜨겁게 진행되고 있다. 하지만 방대한 그의 사역 특징상 한국인 동역자가 늘 필요하다고 한다. 필자가 글을 쓰고 있는 이 시점에도 많은 부분에 있어서 선교에 대한 뜨거움을 가지고 있는 젊은 선교사들의 동참을 기다리고 있는 중이다. 아프리카의 교육 및 복음 사역에 뜻이 있는 이들이 있다면 월드미션 프런티어(WMF)의 문을 두드리면서 선교 사역의 길을 찾는 것도 좋은 방법일 것 같다.

함께 일하는 아프리카의 현지인 사역자들은 물론이고 그곳의 한국인 선교사들과의 관계에서 김 선교사는 탁월한 멘토코치형 리더십을 활용한다고 한다. 단순하게 질문을 던지는 것에서 멈추는 것이 아니고 예수님이 하셨던 그 방법 그대로 적극적인 피드백은 물론이요, 조언의 축복을 부어주기를 멈추지 않는다고 한다. 이러한 그의 삶을 통해서 주님은 아프리카 땅에 놀라운 복음의 소식을 폭포수처럼 전하고 있으며, 수많은 젊은 아프리카 청년들을 한국에 보내어 성경과 신학을 공부할 기회를 끊임없이 제공하여 이렇게 놀라운 열매를 맺게 된 것이었다. 이것은 그가 매 순간 인생 최고의 멘토코치이신 주님과 함께한 결과일 것이다. 그 또한 수많은 아프리카 멘토코치를 길러내고 있는 중이다. 그의 사역에 놀라운 축복이 가득하길 소망한다.

르완다에 도착한 상담코치

이번이 벌써 10년 차로 아프리카 선교지를 방문하는 한 코치형 선교사가 있다. 아프리카에 대해서 확실한 비전과 선교적 전략을 이미 도면에 그리고 있었기에 함께 동행한 우간다와 르완다를 향한 코칭 선교의 길에서 어떠한 어려움도 느낄 수가 없었다. 그가 바로 미국에서 상담학 수학 후 미국과 한국의 교회 및 대학에서의 사역을 담당하고 또한 영남신학대학원의 총장직을 역임한 오규훈 상담코치다.

수십 년 동안 내적 상처로 고통의 시간을 보내던 그 수많은 내담자들의 상처를 치유하고 하나님과의 관계 회복을 위한 치유 상담을 주로 담당하던 중 코칭의 세계에도 입문하고 지금은 상담과 코칭이라는 도구를 자유롭게 사용하여 많은 이들에게 상담적 치유는 물론이고 가능성과 잠재력을 바탕으로 한 코칭 특유의 성취감까지 전해주고 있다.

또한 그는 상담코칭에 이어서 멘토코치로서도 그 발걸음을 재촉하고 있다. 멘토코칭은 크리스천 리더들을 대상으로 정형화된 대화의 틀을 가진 코칭의 기술을 뛰어넘어 멘토식 조언과 적극적 피드백 및 탁월한 동행이란 독특한 프로그램을 통해 '멘토코치'와 그의 대상자인 '멘디치' 간에 새로운 관계 형성을 시작으로 '성장'과 '동행'이라는 광활한 인생의 경험을 소개하는 코칭의 새로운 분야다. 물론 이는 성경 속에 나오는 예수님과 제자들 간의 온전한 관계를 시작으로, 후에 그 멘디치의 심신의 성장은 물론이고 그가 하나님의 귀한 일꾼으로 바로 설 수 있도록 영적인 면에서의 성장마저 이끄는 새로운 리더십의 유형이다.

이번에 7개국에서 온 동아프리카의 목회자와 선교사로 구성된 하나님 일꾼들을 만나고 그들을 한층 더 업그레이드된 하나님의 군사로 인도하는 데 있어서 멘토코칭은 엄청난 역할을 했다. 아프리카의 일꾼들이 세상이 감당하지 못할 하나님의 군사로서 훈련을 받는 과정에 있어서 크리스천 코칭의 탁월함은 물론이고 멘토코칭의 우수성을 추가하여 놀라운 열매를 맺게 되었다.

우간다에 이어 르완다에서 열린 '제1차 아프리카 코칭학교 훈련'

현재 코칭의 세계는 비즈니스 코칭을 필두로, CEO 코칭, 라이프 코칭, 진로 코칭 등 다양한 분야에서 연구 및 프랙티스가 진행되고 있는 상황이다. 특히 교육과 상담 분야의 영향력이 커지는 가운데 '상담코칭'이라는 분야가 강력하게 떠오르고 있다. 여기에 오규훈 코치의 강력한 한 방이 있는 것이다. 그는 전형적인 '상담코칭의 대명사'라고 할 수 있으며 단순하게 현재에서 미래로만 진행되는 코칭의 범위를 벗어나 짧은 시간 안에 과거를 방문하여 피코치의 마음 치유와 현재적 상황을 좀 더 정확하게 파악하여 더욱 강력하게 미래로 피코치를 이끄는 코칭을 진행하고 있다. 거기에 멘토코칭이라는 새로운 분야를 개척하여 그의 코칭의 세계는 더욱 확장되고 있는 중이다. 특히 르완다의 수도인 키갈리에 세워지는 ATU(African Transformation University)대학의 초대 총장으로서 섬기게 되면서 그 대학을 탁월한 코칭리더십이 살아서 움직이는 성지로 키워나갈 예정이다. 그의 길에 주님의 축복이 넘쳐나길 기도한다.

동아프리카에 세워지는 '코칭선교사'

현재 선교 흐름의 중심에는 아프리카와 남미가 존재하고 있다. 기존의 북미 및 한국 중심의 선교에서 이제는 아프리카의 크리스천 국가들과 브라질을 중심으로 하는 남미의 여러 나라가 이어가고 있는 상황이다. 한 순간도 쉬지 않는 성령님의 운행 가운데는 특별한 흐름이 이어지고 있으며 이제는 신학이 완성되지 않은 곳인 아프리카와 남미를 불러 사용하시는 중이시다.

그러한 가운데 그곳에 균형의 리더십을 전하는 것이 GCLA의 몫

**르완다 수도 키갈리의 ATU대학교 건물에서 오규훈(왼쪽),
김평육(오른쪽) 멘토코치와 함께**

이라고 생각한다. 기도와 말씀 그리고 훈련이 강하게 임하고 있는 그 아프리카의 땅에 임파워링과 격려와 지지 그리고 파트너십이라는 또 다른 축을 담당하는 크리스천 코칭의 착륙은 많은 면에서 의미를 두고 있다. GCLA를 이끌고 있는 많은 선교사들이 현재 많은 곳에서 그 역할을 담당하고 있는 중이다. 특히 전문인 선교사인 '코칭선교사'를 이곳 아프리카의 심장부 지점부터 세워서 코칭문화가 그들의 가정과 직장 그리고 사역지에 뿌리내릴 수 있도록 쉼 없이 달려가기를 소망한다.

선교적 코칭질문

1. 열방을 향하여 품었던 당신의 그 열정은 지금 어디에 있는가?
2. 특히 코칭에 열정을 품은 당신은 어디를 향하여 첫발을 내딛고자 하는가?
3. 그 방향의 끝에서 주님을 만난다면 그에게 전할 첫 단어는 무엇인가?
4. 그리고 주님은 당신에게 어떠한 답변을 전하실 것 같은가?
5. 이제 코칭선교사로서 달려갈 준비가 되신 당신, 다음 스텝은 무엇인가?

Memo

에필로그:
현대 선교 환경의 특성과 새로운 접근 방법들

　　과거의 선교 역사에서는 선교 사역자들이 선교의 방법보다는 복음의 내용 전달에만 주력했다. 그 이유는 기독교의 진리란 초시간적이고 초공간적이라고 생각하여 선교의 방법에 대해서는 별다른 고려를 하지 않았던 것이다. 그러나 현대에 와서는 복음의 내용 못지않게 선교의 방법에 대한 관심도 많아지고 있다. 그 까닭은 과거에는 복음을 전파하는 데 있어서의 장애물이 주로 지리적 혹은 지형적 요건이라든지 정치체제, 이질적 문화나 타 종교가 문제였다면 현대에 와서는 장애물의 속성이 더욱 복잡화되고 있기 때문이다.

　　일례로 같은 기독교 문화권인 미국과 같은 서구에서도 포스트모더니즘과 다원주의의 영향은 갈수록 거세지고 있으며 이로 인한 사회의 세속화와 신앙에 대한 무용론 및 회의주의가 걷잡을 수 없을 정도로 진행되고 있다. 또한 과학기술의 진보로 인해 생겨나고 있는 윤리적 간극과 테크노피아에 대한 다소 낙천적인 환상들은 기독교 신앙이나 교리를 시대착오적이거나 극히 단편적인 면에서만 유용한 것으로 형해화 혹은 파편화시키고 있다. 아직도 논쟁이 진행 중이지만 이미 진화론으로 인해 심각한 타격을 경험한 바 있는 기독교 복음은 어떤 식으로든지 시대적 트렌드나 첨단화로 치닫는 문명과의 지속적인 소통과 대화가 필요하다는 것을 절감하고 있다. 또한 성경의 진리와 선교의 역사적 경험 속에서 선교를 효율적으로 감당하기 위한 토대와 타당한 방법들을 돌아볼 필요성을 느끼게 된다. 먼저 시대가 변해도 변하지 않는 진리들을 살펴보아야 하며 진리를 전달하기 위한 방법에도 주의를 기울여야 한다.

먼저 생각할 것은 예수 그리스도의 성육신 사건은 복음의 내용이지만 동시에 방법이기도 하다는 점이다. 어떤 내용은 반드시 어떤 방법을 동반하여 전달된다. 방법이 만일 부정적이거나 파괴적인 것이라면 내용에도 영향을 미칠 것이다. 과거 서구의 식민지 개척 시대에는 아메리카나 아프리카의 원주민들을 개화가 필요한 야만인으로 간주하여 우월적인 태도로 선교를 감행하곤 했다.

그 결과로 어떤 지역에서는 기독교에 대한 부정적인 인식이 깊이 뿌리를 내렸고 아직도 기독교 선교사가 거부되거나 마음 놓고 선교를 행할 수 없는 몇몇 지역이 있는 것이 사실이다. 만일 당시의 선교사들이 성육신 사건을 보다 성경적으로 이해하고 선교에 적용했다면 그런 일들은 발생하지 않았을 것이다. 그런 면에서 코칭 사역에서 가장 완전한 모델로 예수 그리스도를 꼽는 점은 시사하는 바가 크다고 하겠다. 그런 면에서 예수 그리스도처럼 지역민들을 섬기면서 복음을 육화하는 일에 코칭은 비할 수 없는 도구라고 할 수 있을 것이다.

또한 급변하는 시대 속에서 갈수록 선교사역의 상황적응력이 중요해지고 있다. 현대에 와서는 복음과 경쟁하는 세상풍조, 팬데믹 등이 빚어내는 한계상황, 인종 및 종족, 신구세대 갈등의 극복, 달라진 의식구조에 대한 적응력과 접근 및 소통 능력이 점점 중요해지고 있다. 현대인들의 생활 및 의식의 패턴을 읽어내고 그들 속에 파고들기 위한 노력들 가운데는 교회의 장소를 고집하지 않고 선교의 대상을 물색하고 발로 찾아가서 새로운 관계를 형성해가는 FXC(Fresh Expressions of Church, 새로운 표현으로서의 교회)나 이웃의 삶에 보다 많은 관심을 기울이려는 사역자 알란 록스버러(Alan J. Roxburgh)의 미셔널 네트워크(Missional Network) 운동을 비롯하여 1990년대 이후 나타난 웹처치(Web Church)의 흐름을 꼽을 수 있겠다. 곧 Church of Fools(2004), I-church, St. Pixels, Life.Church 등이 그것이다.

페이스북이나 트위터 등에 등장한 사이버 교회는 실시간으로 설교와 성경 낭독을 들을 수 있으며 찬송가를 따라 부를 수 있다. 교인 개인의 캐릭터가 온라인에서 교인을 대신해서 예배에 참석하여 설교를 들으면서 '아멘' 버튼을 눌러 예배를 방해하지 않으면서도 적극적인 의사표현을 할 수가 있다.

이러한 방법을 디자인한 마크 하위는 "싫든 좋든 페이스북은 사람들이 모이는 장소다. 우리가 사이버 교회를 만들게 된 것은 뭔가 멋진 것을 만들고자 하는 의도가 아니었다. 하나님의 말씀을 널리 전하는 방법으로 온라인 공간을 사용하는 것이다"라고 말한다. 물론 이와 같은 시도나 흐름에 대해서 선교 사역자들의 호불호나 신학적 견해의 차이가 있을 수 있겠다. 그러나 중요한 것은 기발한 방법 그 자체가 아니라 어떻게든 복음을 전하고자 하는 열정과 적응력일 것이다.

구세군 사령관이었던 열정적인 전도자 윌리엄 부스는 그가 조직한 북을 치며 행진하는 전도단 행렬을 보고 "우스꽝스럽다"고 비판하는 사람들에 대해서 대답하기를 "내가 그렇게 해서 영혼을 더 얻을 수 있다면 물구나무를 서서 박수를 치는 일도 마다하지 않을 것"이라고 말한 바가 있다.

일찍이 존 스튜어트 밀(John Stuart Mill)은 "강인한 인격이 풍성하게 존재하던 시기와 장소에서는 기발함 역시 풍성했다. 그리고 한 사회의 기발함의 양은 그 사회가 가진 재능, 정신적 활기, 도덕적 용기의 양에 비례했다. 대담한 기인이 되려는 사람이 적다면 우리는 중대한 위기를 맞이한 것이다"라고 말한 바가 있다. 신구약의 예언자들이나 예수 그리스도와 세례 요한의 전도, 그리고 사도 바울의 전도도 당시대에는 일반적이지 않은, 매우 파격적인 선교 방법이었음을 주지할 필요가 있다.

이 책의 면면에는 각 나라에서 선교사역을 전개하고 있는 현지 선교사들의 활동이 생생하게 전해지고 있다. 모든 분들이 앞에서 언급한 변화무쌍한 글로벌 환경에서 복음을 전하며 동시에 지역적인 환경이 빚어내는 어려움을 극복하기 위해 종횡무진 애쓰는 분들이라고 말할 수 있다. 이 선교사들이 선교를 효율적으로 감당하고 현지의 그리스도인들의 삶을 지원하는 도구로서 코칭을 활용하는 것은 대단히 용기 있고 실용적인 시도라고 할 것이다. 아무쪼록 코칭선교사로서 개척하는 새로운 선교 영역에서 크나큰 부흥의 소식이 전해지길 바라는 마음 간절하다.

이호열 코치

참고문헌

게리 콜린스(2014). 《게리 콜린스 코칭바이블》. IVP.

김선도(1998). "그림을 통한 감성지능지수테스트". 목포대학교 석사논문.

닐 콜(2020). 《파도를 타는 교회》. 도시사역연구소.

데이비드 J. 보쉬(2010). 《변화하고 있는 선교》. 기독교문서선교회.

데이빗 A. 씨맨즈(2022). 《상한 감정의 치유》. 두란노.

레슬리 뉴비긴(2007). 《다원주의 사회에서의 복음》. IVP.

로버트 우볼딩(2003). 《동기 부여를 위한 효과적인 의사 소통 기술》. 신난자 옮김, 사람과사람.

매들린 H. 블랜차드 · 린다 J. 밀러(2017). 《조직 코칭》. 한국경제신문.

박종우 외(2022). 《코칭의 이론과 실제》. 박영사.

앤디 크라우치(2009). 《컬쳐 메이킹》. IVP.

오스 힐먼(2013). 《하나님의 통로》. 터치북스.

우수명(2022). 《ICF 코칭핵심역량심화》. 아시아코치센터.

윤수영(2015). "진로교육에서의 커리어코칭 활용방안". 고신대학교 박사논문.

임병호, "문화는 인간의 정신적 가치", 집중 기획, https://www.arko.or.kr/zine/artspaper
　　2001_01/3.htm

조성진(2015). 《진로설계와 코칭리더십》. 정민사.

존 휘트모어(2019). 《성과 향상을 위한 코칭 리더십》. 김영사.

케빈 켈리(2022). 《인에비터블, 미래의 정체》. 청림출판.

크리스토퍼 라이트(2020). 《하나님의 선교》. IVP.

토니 스톨츠푸스(2016). 《코칭 퀘스천》. 스토리 나인.

폴 히버트(2010). 《21세기 선교와 세계관의 변화》. 복있는사람.

폴정(2012).《폴정의 코칭설명서》. 아시아코치센터.

피터 호킨스(2022).《리더십 팀 코칭》. 강하룡 외 옮김. 한국코칭수퍼비전아카데미.

피터정 외(2022).《킹덤 코칭 스쿨》. 북코리아.

_____(2023).《버디 코칭 스쿨》. 북코리아.

하영목 외(2023).《한국형 리더십코칭을 말한다》. 북코리아.

한국기독교코칭학회(2023).《크리스천 코칭 패스파인더》. 아가페출판사.

한혜정 외(2021).《성경학적 상담》. 킹덤북스.

헨리 나우웬(2022).《상처 입은 치유자》. 두란노.

헨리 클라우드(2015).《크리스천을 위한 마음코칭》. 생명의 말씀사.

ICF리서치연구(2022). 2023 ICF Global Coaching Study and Future of Coaching.

J. Gregory, P. Levy (2010). "Employee coaching relationships: enhancing construct clarity and measurement." Business Coaching: An International Journal of Theory, Research and Practice, 3(2), 109-123.

Rodney Stark (1997). The rise of Christianity. Harpercollins.

Stan Guthrie (2010). All That Jesus Asks: How His Questions Can Teach and Transform us. Baker Books.

국제코칭연맹 한국지부, www.icfkorea.or.kr

사단법인한국코치협회, www.kcoach.or.kr

하늘과 세상을 연결하는 쉼터, https://bethelho.tistory.com

Asia, www.asiacoach.co.kr

ICF, www.coachingfederation.org

코칭선교사 응원의 이메일!

캐나다에 본부를 둔 GCLA(글로벌코칭리더십협회)는 포스트모더니즘과 AI 중심으로 변화하는 지금의 4차 산업혁명 시대에 꼭 필요한 파수꾼을 배치하기 위해서 오랫동안 크리스천 리더십 및 코칭 리더십 훈련을 진행해왔습니다. 그리고 마침내 약 3년 전부터 준비했던 이 시대 최적의 전문인 선교사인 '코칭선교사'를 배출하기로 결정했습니다.

　이에 전 세계 No. 1 코칭리더십 훈련 학교인 GCLA에서 배출되는 '코칭선교사'들은 이 시대의 교회와 선교지가 그 사역의 효과성을 높이고 지속 가능성을 향상시키는 데 중요한 역할을 하게 될 것임을 확신합니다.

　'코칭선교사' 책에 나오는 많은 분들을 후원으로 돕고자 하시는 분들은 저희 GCLA 후원계좌로 직접 후원하실 수 있습니다.

GCLA
국민은행 843701-01-702677

또한 문의사항이 있으신 분들은 아래의 이메일로 문의해주십시오.

teamgcla@gmail.com

늘 감사드리고 주의 나라를 확장하는 데 쉬지 않겠습니다.

　　　　　　　　　　　　　　　　　　　　　　GCLA 코칭선교사 일동